La Vie Célibataire Trilogy

EASY FRENCH READER   LEVEL ONE

Yvonne Bruton

La Vie Célibataire trilogy

Marie-Hélène, at age twenty-nine is still single. She is starting to feel that she will never meet Mr Right and after a confrontation with her disappointed mother she decides to take matters into her own hands. Her action turns out to be a disaster, but she finally meets Christophe who asks her to marry him. However his ex girlfriend appears on the scene, determined to win him back, turning Marie-Hélène's dream into a nightmare!

This French trilogy is a unique easy to follow text and is based on the premise that the best way to learn the French language is to start reading it immediately.

It is a colourful and interesting tale, written with a view to entertain as well as educate French language learners. Whether you are a brand new beginner or an advanced beginning learner, this edition will give you ways to immerse yourself into the French language and make easy progress with your reading skills. You will also find some exercises to test your understanding of the text.

Contents

La Vie Célibataire

Amie ou ennemie?

« J'ai vingt-neuf ans maintenant, pensa Marie-Hélène avec tristesse. J'ai pas de mari et je n'ai même pas de petit-ami. C'est l'histoire de ma vie ! »

Jean, son dernier copain vit dans un appartement dans une rue pas trop loin de chez elle.

Elle le voit quelquefois en ville, toujours grand et mince, les mêmes yeux verts, le même sourire lorsqu'il regarde une fille qui lui plait (qui n'a jamais plus de vingt-deux ans!) en évitant le regard accusateur de Marie-Hélène.

Ça va prendre du temps avant que Marie-Hélène ne lui pardonne pour la rupture. Sa décision bien sûr.

Elle se rappelle de son message avec grande clarté. « Désolée Marie mais je ne peux plus continuer à te voir, tu vois, j'ai ma propre vision de ce qu'une femme devrait être et toi, malheureusement, tu n'as pas les qualités que je recherche. J'espère que tu trouveras un type un jour, l'homme parfait car tu le mérites. Je sais que tu vas être bouleversée quand tu liras ce message car je sais que tu m'adores mais je dois te laisser pour trouver mon vrai amour. »

Pauvre Marie-Hélène, ses mots la hantent encore et encore. Elle ne va jamais oublier.

C'est son anniversaire aujourd'hui, une fois de plus! Il semblerait que même la Loi de nature aime la torturer en donnant les années qu'elle ne désire pas, et elle est toujours célibataire.

Toute seule. C'est unsuportable, surtout quand tous ses amis sont mariés. Sauf Josette bien sûr, mais elle a un homme au moins. Si on peut appeler ça comme ça. Son homme s'appelle Robert et selon Josette :

Il n'a pas beaucoup d'argent

Il adore le foot

Il a toujours l'œil baladeur

Il fait trop de bruit la nuit, (en gros, c'est un sacré ronfleur)

En plus il n'est pas très intelligent (il pense que toutes les femmes sont nées pour être soumises aux hommes!)

Oh c'est aussi un très mauvais amant!

« Mais c'est toujours mieux que rien » dit Josette trop souvent. Elle dit toujours ça. Elle peut être très énnervante quelquefois. Ah bien, elle peut le garder! Marie-Hélène ne veut pas d'homme de ce genre, non merci! Josette doit être vraiment désespérée, ou folle peut-être. Elle doit savoir que la plupart des femmes n'aiment pas l'attitude qu'il a. Marie-Hélène pousse un soupir et elle se lève. « Josette croit que je suis jalouse d'eux parce que je suis seule. Pourquoi est-elle si stupide? Robert n'est pas exactement Brad Pitt. » Marie-Hélène s'habille puis elle se regarde dans la glace.

« Oh là la! » cria-t-elle. «Je n'ai plus la peau lisse. À l'aide, je ne suis plus toute jeune! Qu'est ce que je vais faire, comment vais-je pouvoir rencontrer quelqu'un avec cette tête-là?

Elle descend l'escalier et quelqu'un frappe à la porte. Marie-Hélène ouvre et une jeune femme se tient sur le pas de la porte. Elle est grosse, elle est énorme, c'est Josette.

« C'est bien la seule personne que je ne voulais pas voir aujourd'hui » pensa Marie-Hélène. Elle a vraiment le cafard maintenant. Mais elle dit : « Salut Josette, quelle surprise, comment ça va? »

« Tout va bien pour moi comme d'habitude Marie, et toi? Comment te sens-tu ce matin, comme ci comme ça?» dit Josette d'un malin. « Que veux-tu dire par-là?» demanda Marie-Hélène de mauvaise humeur. « Tu sais ce que je veux dire Marie, ne fais pas semblant, on sait très bien que c'est ton anniversaire aujourd'hui » répondit Josette. C'est typique d'elle, Josette aime bien taquiner ou plutôt embêter Marie-Hélène. « Quel âge as-tu maintenant? » continua Josette comme si elle ne savait pas.

« Tu le sais très bien » cria Marie-Hélène, sa patience a des limites!

« Ah oui, bien sûr que je le sais » dit Josette d'un ton moqueur. « Tu as trente-cinq ans! »

Marie-Hélène est furieuse. Elle veut lui lancer un pique donc elle dit: «Dis-moi Josette, combien tu pèses? Tu commences à ressembler un éléphant! »

« Tais-toi » cria Josette. Elle devient rouge comme une tomate. « C'est pas drôle, j'essaie de perdre du poids. »

« Tu ne fais pas de gros efforts!» répliqua Marie-Hélène. Elle commence à bien s'amuser maintenant.

«Et alors? » cria Josette d'un ton triomphant. « J'ai Robert au moins et il m'adore.

-Tant mieux pour toi!» dit Marie-Hélène d'un ton sarcastique.

« Enfin, nous sommes amies Marie nous ne devrions pas nous disputer. C'est ta journée aujourd'hui, n'est-ce pas? Regarde, j'ai un cadeau pour toi. »

« Ah bon! » pensa Marie-Hélène avec soulagement, « elle ne va pas continuer à parler de son 'petit chou' toute la journée. »

Mais elle dit « Un cadeau pour moi ? Quelle surprise c'est très gentil de ta part »

«De rien » dit Josette innocemment « Tiens! »

Josette donne le cadeau à Marie-Hélène qui commence à l'ouvrir avec enthousiasme.

« Bon anniversaire! » crie Josette. « Il faut que je m'en aille maintenant, j'ai quelque chose d'urgent à faire, au revoir, à bientôt. »

Mais Marie-Hélène n'écoute pas. Elle regarde son cadeau et n'arrive pas à y croire!

« Oh mon Dieu……….comment ose-t-elle m'acheter quelque chose comme ça, ce toupet! »

Vous voyez le cadeau dans ses mains tremblantes: C'est un petit pot de crème anti-rides pour le visage, destiné aux femmes de plus de trente ans.

EXERCICES

Répondez aux questions en Anglais:

1 Marie-Hélène est très mécontente ce matin, pourquoi ?
2 Pourquoi se sent-elle déprimée en particulier ?
3 Qui frappe à la porte ?
4 Josette est très mince – vrai ou faux ?
5 D'après Josette, qu'est-ce qui est mieux que rien ?
6 Selon Josette, quel âge a Marie-Hélène ?
7 Les jeunes femmes sont très bonnes amies, qu'en pensez-vous ?
8 Quand Marie-Hélène ouvre le cadeau, comment a-t-elle réagi ?

Traduisez les phrases suivantes en Anglais :

C'est aussi un très mauvais amant.
À l'aide, je ne suis plus toute jeune.
Elle pousse un soupir
Il n'est pas très intelligent.
Elle parle de mauvaise humeur.
Sa patience a des limites!
J'essaie de perdre du poids.
Destiné aux femmes de plus de trente ans.

Complétez les phrases suivantes et les traduire en anglais :

Modèle : Marie-Hélène a vingt-neuf ans.
(AVOIR)
Josette _____ _____ à Marie-Hélène chez elle.
(RENDRE VISITE)
Elle ne _____ pas la voir. (VOULOIR)
Les deux femmes ___ _____ beaucoup. (SE DISPUTER)
Elle __ peur de vieillir (AVOIR)
Marie-Hélène n' _____ pas du tout Robert.
(AIMER)
Quelle impression avez-vous de Marie-Hélène ?
Choisissez parmi la liste d'adjectifs   qui la décrivent le mieux.
Timide, méfiante, chaleureuse, autoritaire, renfermée, difficile, égoïste, pessimiste,

Translation

Friend or Enemy?

"I'm twenty nine now" thought Marie Hélène sadly. "I haven't got a husband and I haven't even got a boyfriend. It's the story of my life."

Jean, her ex-boyfriend lives in a flat in a road that's not too far from her house. She sees him sometimes in town, still tall and lean, the same green eyes, the same smile when he looks at someone he fancies (annoyingly a young girl no more than twenty two!) while avoiding Marie Hélène's accusing glare.

It's going to be a long time before she forgives him for their break-up. His decision of course. She remembers his message with great clarity.

'Sorry Marie but I can't see you anymore, you see I have my own ideas of what a woman should be and you unfortunately don't possess the qualities that I'm looking for. I hope that you find someone who is more your type one day, someone who's perfect for a girl like you. I know that you are going to be devastated when you read this message because I know that you adore me, but I have to leave you so that I can find my real love.'

Poor Marie-Hélène, his words engulf her again and again. She is never going to forget.

It's her birthday today, another one, it seems that even the law of nature loves to torture her by giving her years that she does not want and she is still single.

All alone. It's unbearable especially when all her friends are married. Except Josette of course but she has a man at least. If one can call him that. Her 'man' is called Robert and according to Josette:

He hasn't got much money

He loves football

He's got a wandering eye

He makes too much noise at night (in other words he's a big snorer!)

Furthermore, he's not very intelligent (he believes that all women are born to serve men)

Oh and he is also not a very good lover!

"But he's better than nothing" Josette says far too often. She can be very irritating some times. Oh well she can keep him! Marie-Hélène doesn't want anyone like that, no thank you!

Josette must be desperate or mad maybe. She must know that the majority of women dislike his attitude.

Marie-Hélène sighs and gets up. 'Josette thinks that I'm madly jealous of them because I'm on my own. Why is she so stupid? Robert is hardly Brad Pitt!'

She dresses herself and then looks in the mirror.

"Oh dear" she cries "I don't have peachy skin anymore. Oh help, I'm not that young anymore, what am I going to do, how am I going to meet anyone with a face like that?"

She goes downstairs and someone knock at the door. She opens it and there is a young woman standing there.

She's fat, she's enormous. It's Josette.

'She's the one person I didn't want to see today' thinks Marie-Hélène. She's really feeling gloomy now. But she says "hi Josette, what a surprise, how's it going?"

12

"Everything is going well for me as usual Marie, and you, how do you feel this morning not so good?" says Josette craftily.

"What do you mean by that?" snaps Marie-Hélène crossly.

"You know what I mean Marie, don't pretend, we know very well that it's your birthday today" Josette responded.

It's typical of her, Josette loves to tease or rather torment Marie-Hélène.

"How old are you now?" continues Josette as if she didn't know.

"You know very well" cries Marie-Hélène, her patience has its limits!

"Ah yes, of course I know" says Josette mockingly. "You are thirty-five!"

Marie-Hélène is furious. She wants to get her own back, so she says "Tell me Josette how much do you weigh? You are starting to look like an elephant!"

"Shut up" cries Josette. She turns as red as a tomato.

"It's not funny, I'm trying to lose weight."

"You're not trying very hard" replied Marie-Hélène. She is amusing herself now.

"So what" cries Josette triumphantly. "At least I've got Robert and he adores me!"

"Good for you" says Marie-Hélène sarcastically.

"Come on, we are friends Marie, we shouldn't argue. It is your special day after all isn't it? Look I've got a present for you."

'Oh good' thinks Marie-Hélène with relief, she's not going to talk about her 'little cabbage' all day.

But she says "A present for me? What a surprise that's very kind of you."

"It's nothing" says Josette innocently "here it is."

Josette gives the present to Marie-Hélène who starts to open it with enthusiasm.

"Happy birthday" cried Josette. "I've got to go now, I have something urgent to do, bye see you soon."

But Marie-Hélène wasn't listening. She looks at her present with disbelief.

"Oh my God......how dare she buy me something like that. The cheek!"

You see, the present in her trembling hands is a little pot of anti-wrinkle cream for the face, formulated for women over thirty years old.

Les Réponses aux exercices

Marie-Hélène est très mécontente parce que c'est son anniversaire
Elle se sent déprimée car elle est célibataire
Josette frappe à la porte
Faux
D'après Josette, Robert, son copain est mieux que rien
Selon Josette Marie-Hélène a trente-cinq ans
Faux
Marie-Hélène se sent très vexée

He's also a terrible lover
I'm not so young anymore
She sighs
He's not very intelligent
She speaks without humour
Her patience has limits
I'm trying to lose weight
For women over thirty years of age

Josette rend visite à Marie-Hélène chez elle/Josette visits Marie-Hélène at her home
Elle ne veut pas la voir/She does not want to see her
Les deux femmes se disputent beaucoup/The two women argue a lot
Elle a peur de vieillir/She'scared of getting old
Marie-Hélène n'aime pas du tout Robert/Marie-Hélène does not like Robert at all.

La Mère et L'enfant

Marie-Hélène a mal à la tête et elle est presque en pleurs en mettant le cadeau à la poubelle.

«Josette, je ne peux pas croire ce que tu viens de faire. C'est impardonnable ! » se dit-t-elle. «C'est pas drôle du tout, tu es si méchante, j'espère ne jamais plus te revoir, je commence à me demander si je n'ai en fait pas pitié de Robert!»

Tout à coup le téléphone sonne. «Je me demande qui c'est maintenant ? Je ne veux parler à personne » pensa Marie-Hélène énnervée. «J'espère que c'est pas Josette.»

«Laissez-moi tranquille!» cria-t-elle quand le téléphone sonne pour la deuxième fois. «Pourquoi est-ce que vous voulez me parler? Je suis une vieille dont personne ne veut pas même un crétin comme Robert. Je suis trop mince pour lui peut-être.» se dit-elle d'un ton ironique. Et elle rit pour la première fois de la journée puis elle décroche le téléphone.

«Allo c'est moi, la vieille femme la plus âgée au monde » dit-t-elle sarcastiquement, pensant parler à Josette. Malheureusement, c'est pas elle du tout!

«Que veux-tu dire par là ma fille? Qu'est-ce que tu me dis? Réponds-tu toujours au téléphone comme ça, ou juste lorsque tu penses que c'est pas moi qui à l'appareil? »

Marie-Hélène reconnaît la voix immédiatement.

16

«Oh là là, c'est ma mère! «Oh maman c'est toi, comment ça va?» dit Marie-Hélène gaiement, mais elle a la honte.

«Oui c'est moi » répond sa mère d'un ton sec. «Qu'est-ce qui te prend, ça ne va pas?

«Je ne vois pas ce que tu veux dire maman» dit Marie-Hélène. Elle commence à suer, elle est morte de trouille. Vous voyez sa mère, Claudette, elle est petite et mince mais elle fait peur! Selon les gens qui la connaissent, elle n'a pas de sens de l'humour!

«Dis-moi Marie» dit Claudette d'une voix peu rassurante.

«Qu'est-ce que tu fais avec ta vie, hein? Tu agis comme une imbécile, tu crois que tu es toujours un bébé? Tu as presque trente ans, c'est vrai non? Bon, où est ton mari alors et tes enfants où sont ils?»

Pauvre Marie-Hélène, sa maman est redoutable !

« Trente ans, ça veut dire que tu es Madame sans alliance, n'est-ce pas ? »

« Et alors » répond Marie-Hélène sur la défensive. « J'ai beaucoup de temps à…

« Ne m'interromps pas! » cria Claudette. « Même ton amie, comment elle s'appelle? Ah oui Josette, même Josette a un homme et elle est grosse! Si quelqu'un comme ça peut trouver un partenaire, pourquoi est-ce que tu ne peux pas? »

« Robert n'est pas un vrai homme» cria sa fille. «Et tu ne peux pas me comparer à Josette! »

« Pourquoi pas? » Claudette lui demanda agréssivement. « Tu n'es pas si différente, tu sais, et son homme, Robert, je l'ai rêvé? Je ne pense pas, Marie parce que je les vois en ville presque tous les jours, je ne te vois jamais avec personne! »

Marie-Hélène ne sait pas quoi dire pendant un moment puis elle répond.

« Quoi? Non, je ne dis pas qu'il n'existe pas, maman, ce n'est pas ce que je veux dire du tout. »

Maman est vraiment furieuse maintenant. «Tu ne fais que m'embrouiller, comme si je n'étais pas ta mère, tu crois que tu parle à une imbécile comme toi?»

«Non maman » dit Marie-Hélène, suppliant sa mère. «Tu ne comprends pas, écoute, cet homme, Robert n'a pas beaucoup d'argent et il n'est pas particulièrement futé et…

Claudette interrompt « et alors? Il a une femme, plus jeune de toi, qui peut l'encourager à travailler dur pour gagner plus d'argent! »

« Ça ne va jamais arriver! » cria Marie-Hélène: « Il est trop paresseux, c'est un fait bien connu et il n'est pas très intelligent et tout ce qu'il dit sur les femmes… »

Mais sa mère ne l'écoutait pas. «Ah tu dis qu'il n'est pas intelligent? Bon, c'est pas sa faute et d'ailleurs, tu n'es pas exactement bien placée pour le critiquer, Madame! » Elle insiste sur le mot Madame avant d'ajouter: «Je te connais très bien Marie, tu es ma fille non? Pourquoi est-ce que tu ne peux pas admettre que tu n'aimes pas la vie célibataire plutôt que de débiner tes amies ?

Marie-Hélène ne dit rien, elle était très fatiguée maintenant mais maman avait encore des choses à dire.

« Il est bien évident que tu n'en peux plus, tellement que tu es jalouse de Josette et en fait, tu es amoureuse de Robert car tu ne peux pas t'empêcher de parler de lui. Bien c'est dommage, tu es exactement comme ton papa, tu veux toujours ce que tu ne peux pas avoir. »

Puis Claudette finit par s'arrêter pour reprendre haleine avant de dire

« Dis-moi, ce Robert, il a un frère? »

18

À vous maintenant !

Répondez aux questions suivantes:

Marie-Hélène va garder son cadeau Vrai ou Faux?
Une femme lui téléphone, qui est-ce?
Sa mère est très gentille, qu'en pensez-vous?
Pourquoi est-ce que Claudette critique sa fille?
Selon Claudette pourquoi est-ce que Marie-Hélène
est si jalouse de Josette ?
À la fin de la conversation, qu'est-ce que c'est que
sa mère veut savoir?

Traduisez les phrases suivantes en français :

She is almost in tears.
I hope that I never see you again.
The telephone rings for the second time.
She smiles for the first time.
Unfortunately it's not her at all.
She recognizes the voice immediately.
You act like a fool.
It's not his fault.

Traduisez les phrases suivantes en Anglais:

Je te connais très bien.
Qu'est-ce que tu fais avec ta vie?
Que veux-tu dire par là?
Elle est morte de trouille.
Pas même un crétin comme Robert.
Mais elle a la honte.
Sa mère est petite et mince.
Elle décroche le téléphone.

Pour vous aider

Tout à coup	Suddenly
Mal à la tête	Headache
Malheureusement	Unfortunately

The Mother and the Child

Marie-Hélène has a headache and is almost in tears as she throws the present in the bin.

"Josette I can't believe what you came here to do, it's unforgivable" she says to herself. "It's not funny at all, you are so nasty, I hope that I never see you again, I am beginning to think that it's Robert I should feel sorry for."

Suddenly the phone rings. 'I wonder who that is now? I don't want to speak to anyone' thought Marie-Hélène irritably 'I hope that it's not Josette!'

"Leave me alone" she cried when the telephone rings for the second time. "Why do you want to speak to me? I am an old woman who nobody wants, even a cretin like Robert. Perhaps I'm too slim for him" she said to herself ironically and then she laughed for the first time that day and she answered the phone.

"Hello it's me the oldest woman in the world" she said sarcastically, thinking she is speaking to Josette. Unfortunately it is not her at all.

"What do you mean by that child, what are you saying to me, do you always speak on the phone like that or just when you think that it's not me who's calling you?"

Marie-Hélène recognises the voice immediately.
'Oh no, it's my mother.'

"Oh mum it's you, how are you?" gaily but she felt ashamed.

"Yes it is me" her mother responded brusquely. "What's wrong with you, what's going on?"

"I don't know what you mean mum" said Marie-Hélène. She started to tremble. She is scared to death. You see, her mother, who is called Claudette is short and slim but she is ferocious. According to those that know her she is a woman with no sense of humour.

"Tell me Marie" said Claudette in a thundering voice. "What are you doing with your life eh? You act like an imbecile. Do you think that you are still a baby ? You are almost thirty years old are you not ? Well where is your husband then and your children where are they?"

Poor Marie-Hélène, her mother is fearsome.

"Thirty years old that makes you a 'Madame' without the wedding ring does it not?"

"So what" Marie-Hélène responded defensively, "I've got plenty of time to......"

"Don't interrupt!" cried Claudette. "Even your friend, what's her name? Ah yes Josette, even Josette has a man and she's fat. If someone like that can find a partner why can't you?"

"Robert is not a real man" cried her daughter. "And you can't compare me with Josette."

"Why not" asked Claudette aggressively. "You are not so different you know, and her man Robert, is he a figment of my imagination? I think not Marie because I see them in town every day. I never see you with anyone."

Marie-Hélène did not know what to say for a moment, then she responded.

"What? No I didn't say that he doesn't exist mum, that's not what I meant at all!"

Mum is furious now.

"You're confusing me as if I'm not your mother, you think that you're speaking to an imbecile like you."

"No mum" said Marie-Hélène appealingly. "You don't understand, listen that man Robert hasn't got much money and he's not particularly bright and..."

Claudette interrupted "so what? He has a woman, younger than you, who can encourage him to work hard and make more money."

"That's never going to happen" cried Marie-Hélène. "He's too lazy, that's well known, and he's thick and the things that he says about women...."

But her mother wasn't listening to her.

"Ah you say that he's not very intelligent? Well that's not his fault and besides you're not in a position to criticize him Madame!"

She emphasized the word 'Madame' before adding

"I know you very well Marie, you are my daughter are you not? why can't you admit that you don't like being single rather than rubbish your friends?"

Marie-Hélène said nothing she was tired now but mum had more to say.

"It is obvious that you're madly jealous of Josette and you love Robert because you can't stop talking about him. Well it's just too bad, you are exactly like your father you always want what you can't have."

Then Claudette ceased her tirade to take a deep breath before saying

"Tell me, does Robert have a brother?"

C'est Vrai ou Faux?

« Qu'est-ce qui lui prend? » dit Claudette à son mari Jérôme. « C'est vraiment notre fille? »

Jérôme lisait le journal, il ne voulait pas écouter sa femme, elle répète toujours les mêmes choses !

« Tu parles trop, tais-toi! pensa-t- il mais il n'osa pas le dire tout haut, ça n'en vaut pas la peine. Jérôme continua de lire le journal. Il admirait une image d'une jeune femme qui portait un bikini orange. « Quelle belle fille » marmonna-t-il mais Claudette l'entendit. Elle arracha le journal de ses mains et vit l'image d'Halle Berry avec dégoût, en d'autres termes, Claudette n'était pas amusée du tout.

« Qu'est-ce qu'il y a? » dit Jérôme à voix basse comme elle lui lança un regard furieux.

« Jérôme! » cria Claudette « Tu es un vieux cochon, bon sang, cette femme est nue. »

« Calme-toi Claudette, elle porte un bikini en plus! » ajouta-t-il doucement, « tu sais que c'est toi que j'aime, tu ne peux pas être jalouse d'elle, chérie, elle est jeune et très belle, c'est évident mais…»

« Jalouse? » cria Claudette, elle voulait le tuer maintenant. « Ah oui, c'est ça, je suis jalouse car je suis sure qu'Halle Berry va te demander de me quitter un jour! » Puis elle sortit en claquant la porte.

xxxxxxxxxxxxxxxxxxxxxx

Claudette avait hâte d'aller en ville. La circulation était incroyable aujourd'hui.

24

« Dépêchez-vous !» cria-t-elle à la voiture de devant. « Vous ne voyez pas que c'est vert? Bon! » se dit-elle quand la voiture commence à rouler, « ce n'est pas trop tôt! » Elle gara sa voiture près du théâtre parce qu'il n'était pas loin des magasins et des cafés et Claudette avait besoin de prendre une tasse de café bien serré. « Qu'est-ce qu'on va faire? » se dit-elle avec frustration. « Mon mari est un vieil homme, qui aime passer son temps à regarder les petites jeunes dans le journal et Marie, ma fille, elle est amoureuse du petit ami de sa copine! Ce n'est pas l'honnêteté qui l'étouffe, c'est dommage, ma famille me fait vraiment honte. »

Claudette entra dans un café en secouant la tête.

« Bonjour Madame, qu'est-ce que vous désirez? » demanda une jeune serveuse.

« Je désire un autre mari s'il vous plait! » La serveuse éclata de rire:

« Je regrette, Madame, mais il n'y a pas d'hommes au menu aujourd'hui! »

« Bien, c'est dommage! » dit Claudette en souriant, « Puis-je alors avoir une tasse de café?»

« Très bien, Madame » répondit la serveuse et elle alla chercher le café.

Claudette commença à se sentir beaucoup mieux. «Je dois essayer d'être plus optimistique pensa-t-elle en buvant son café. Jérôme est vraiment quelqu'un de bien et je suis certaine que Marie va trouver quelqu'un, si Josette peut le faire tout est possible !

« Bonjour Madame Picard, comment allez-vous? » Claudette se retourna. Quel choc…c'est Josette !

« Ah Josette, c'est vous, qu'est-ce vous faites ici, vous ne travaillez pas aujourd'hui? » répondit Claudette en bégayant.

« Non, j'ai pris un jour de congé. Vous êtes sure que ça va? Vous voulez un verre d'eau? »

« Non, non merci Josette, je vais bien, asseyez-vous, vous avez le temps? Claudette se remit vite du choc.

« Oui, j'ai le temps, d'ailleurs j'ai une faim de loup. »

Claudette la regarda, abasourdie. « Mais vous êtes si grosse » se dit-elle à voix basse. Malheureusement Josette la serveuse l'entendit.

« Cette femme est vraiment trop mal élevée! » pensa-t-elle avec colère. « Elle est exactement comme sa fille! Bon je vais me venger d'elle et de sa famille ignoble une fois pour toutes! »

« Allez-vous voir Marie aujourd'hui, Madame? » demanda Josette innocemment.

« Non pas aujourd'hui, demain» répliqua Claudette. « C'est son anniversaire, vous savez.»

« Ah oui, je le sais. » dit Josette.

« Et vous, allez-vous sortir avec elle ce soir pour le fêter? » demanda Claudette.

« Non, du moins je ne pense pas, nous n'allons plus dans les mêmes endroits, nous avons des goûts différents. Je ne dis pas que je ne suis pas ouverte d'esprit vous comprenez, mais j'ai Robert.

-Que vous voulez dire Josette, qu'est-ce que vous dites?

-Vous ne savez pas, Marie ne vous a rien dit? Mon Dieu! Je ne veux pas vous inquiéter, Madame mais elle préfère aller aux clubs pour lesbiennes! »

À vous maintenant!

Répondez aux questions suivantes en anglaise.

Jérôme n'écoute pas Claudette, pourquoi?
Qui arrache le journal et pourquoi ?
Où va Claudette aujourd'hui ?
Elle gare la voiture près du parc: Vrai/Faux?
La serveuse est maussade: Qu'en pensez-vous?
Est-ce c'est que Josette est sans emploi?
Qu'est-ce que Josette veut faire à la famille Picard?
Quelle est sa raison?
On dit toujours qu'elle est trop mince?
On dit toujours qu'elle est petite?
On dit toujours qu'elle est grosse?

Traduisez les phrases suivantes en Anglais.

Ça ne vaut pas la peine.
Elle ne peut pas vraiment être notre fille.
D'ailleurs, tu sais que c'est toi que j'aime.
Le feu est vert.
Tout est possible.
Du moins, je ne pense pas.
Allez-vous sortir avec elle ce soir ?
Je ne veux pas vous inquiéter.

Traduisez les phrases suivantes en français.

You talk too much, shut up.
I must try to be more optimistic.
Besides, I'm starving.
I want another husband.
Well that's a shame.
Then she stomps out.
Oh yes, that's right I am jealous.
Are you going to see Marie?

Pour vous aider

Ce n'est pas l'honnêteté qui l'étouffle!
She is no better than she should be!

Is it true or false?

"What's wrong with her?" said Claudette to her husband, Jérôme. "Is she really our daughter?"

Jérôme was reading the paper. He didn't want to listen to his wife. She always says the same things!

"You talk too much, shut up!" he thought but he dared not say it out loud. It's not worth the trouble.

Jérôme continued to look at the paper. He admired an image of a young woman who was wearing an orange bikini.

"What a beautiful girl" he mumbled to himself but Claudette heard him.

She snatched the paper from his hands and looked at the picture of Halle Berry with disgust. Needless to say Claudette was not amused.

"What's the matter?" said Jérôme in a low voice as she threw him a look of fury.

"Jérôme" cried Claudette. "You are an old pig, for the love of God this woman is naked!"

"Calm down Claudette, she's wearing a bikini, besides" he added sweetly

"You know that it is you that I love, you can't be jealous of her my darling. She is young and very beautiful, that's obvious but…"

"Jealous" screamed Claudette, she wanted to kill him now.

"Ah yes that's right I am jealous because I am certain that Halle Berry is going to ask you to leave me one day!" Then she stormed out.

Claudette was impatient to go into town.

"Hurry up" she cried at the car in front. "Can't you see that the lights have turned green? Good" she said to herself when the car moved forward, "about time."

She parked her car near to the theatre because it was not far from the shops and cafes and Claudette needed a strong cup of coffee.

"What am I going to do?" she said to herself with frustration. "My husband is an old man who loves to spend time looking at young women in the paper and Marie, my daughter loves her best friend's boyfriend! She's no better than she should be! It's shameful, my family is a great source of embarrassment to me."

Claudette entered a café.

"Hello Madam, what would you like?" asked a young waitress.

"I'll have a new husband please!" The waitress burst out laughing.

"I'm sorry Madam, there aren't any men on the menu today"

"Well that's a shame" said Claudette smiling. "Can I have a cup of coffee instead?"

"Very well Madam" responded the waitress and went to get the coffee.

Claudette started to feel a lot better.

'I must try to be more optimistic' she thought as she drank her coffee. 'Jérôme is a good man really and I am certain that Marie is going to find someone, if Josette can do it anything is possible!'

"Hello Mrs Picard, how are you?"

Claudette turned around. What a shock it was Josette.

"Ah Josette it's you, what are you doing here, aren't you working today?" Claudette responded, she was stammering.

"No I've taken a day off. Are you ok, do you want a glass of water?"

"No, no thank you Josette, I'm ok, sit down, have you got time?" Claudette composed herself.

"Yes I've got time besides I'm starving."

Claudette looked at her in amazement.

"But you're so fat" she said to herself in a low voice.

Unfortunately Josette heard her.

'This woman is so rude' she thought angrily. 'She is exactly like her daughter, well I am going get my own back on her and her ignorant family once and for all!'

"Are you going to see Marie today Mrs Picard?" asked Josette innocently.

"Not today, tomorrow" replied Claudette. "It's her birthday you know."

"Oh yes I know" said Josette.

"And you, are you going out with her tonight to celebrate?" asked Claudette.

"No, at least I don't think so. We don't go to the same places anymore, we have different tastes. I'm not saying that I'm not broad minded at all, you understand, but I have Robert."

"What do you mean Josette, what are you saying?"

"Don't you know, Marie hasn't told you anything? My God, she should have said something by now."

"What is it Josette? Tell me!"

"Look, I don't want to worry you and it's more acceptable these days."

"What is?"

"Mrs Picard, your daughter prefers to go to lesbian clubs.

La Petite Annonce de Rencontre

Marie-Hélène était tellement fatiguée qu'elle s'affala dans le fauteuil devant elle: Elle savait que sa mère était une femme pas facile mais Marie-Hélène commençait à penser qu'elle était même folle à lier !

« Jalouse de Josette, moi? Certainement pas! Et Robert ah oui maman c'est vrai c'est l'amour de ma vie, absolument! Du calme Marie » Elle se dit ça ne vaut pas la peine.

« Je trouverai un homme à moi un jour je leur ferai voir!

« Mais comment? Je dois commencer à sortir plus souvent, décida-t-elle d'un air résolu. « Après tout je suis toujours jolie et mince et en âge d'avoir des enfants! »

Tout à coup Marie-Hélène a eu une idée de génie. Elle commença à bondir de joie et elle mis son ordinateur en route et tapa les mots agence de rencontres. Elle regarda la liste de sites sur l'écran devant elle.

« En voilà un! »

Elle cliqua sur un site qui s'appelait www .vouspouveztrouverunhomme.fr

Marie-Hélène lit l'information avec enthousiasme.

'Allons-y! Votre histoire d'amour!'

L'inscription est gratuite pour rencontrer des partenaires potentiels.

« Gratuit…c'est bien ça!

Marie-Hélène remplit ses détails.

Marie-Hélène Picard, âgée vingt-quatre ans, née à Paris.

« Bon c'était facile. Alors, quelles sont les choses qui vous intéressent ? 'D'accord je vais devoir penser maintenant » se dit-elle. J'ai déjà menti sur mon âge, qu'est-ce que je pourrais dire pour faire plus séduisante que ce que je suis réellement? »

« Alors…

J'aime lire les romans sentimentaux

J'adore le tennis

J'aime écouter la musique classique

J'aime beaucoup faire les courses

J'adore le chocolat

J'aime aller au cinéma

Bon, ça suffit, je ne pense à rien d'autre de toutes façons!

Puis Marie-Hélène cliqua sur le mot 'continuez' l'instruction suivante était 'Mettez une photo récente ici.' Marie-Hélène choisit une photo de ses photos… quand elle avait vingt-deux ans.

Elle était enfin prête pour partir à l'attaque!

Exercices

Choisissez le bon mot

Marie-Hélène se sentit_____ après l'appel de
sa mère. (Contente, fatiguée)
Elle savait que sa mère était_____ (gentille,
drôle, difficile)
Robert est l'amour de_____(sa vie, ses
cauchemars, ses rêves)
Marie-Hélène est _____(agréable, jolie)

Traduction en Anglais

Tout à coup.
Elle bondit de joie.
J'ai déjà menti sur mon âge.
Plus séduisante que je suis.
Bon c'était facile.
J'aime lire les romans sentimentaux.
Elle était prête pour partir à l'attaque.

Translate the following into French

I love listening to classical music.
OK I'm going to have to think.
Jealous of Josette, me, I don't think so.
I will find a man one day.
She collapsed in the armchair.
It's not worth the pain.
I'm young enough to have children.

Lonely Hearts Club

Marie-Hélène was so tired that she collapsed into the armchair in front of her. She knew that her mother was a difficult woman but Marie-Hélène was starting to think that she was stark raving mad!

"Jealous of Josette, me, I don't think so! And Robert, oh yes mum he's the love of my life absolutely! Calm yourself Marie" she said to herself. "It's not worth it, I will find a man one day, I'll show them! But how? I know, I must start going out more" she decided resolutely. "After all I am still pretty and slim and young enough to have children."

Suddenly Marie-Hélène had a brilliant idea. She jumped up in excitement and she went to her computer where she typed the words 'dating agency.' She looked at the list of sites on the screen in front of her. 'Here it is, this is the one.' She clicked on a site that was called www.youcanfindaman.fr

Marie-Hélène read the information enthusiastically.

'Let us begin your love story.' The registration is free for you to meet potential partners.

'Free? That's great that'

Marie-Hélène filled in her details:

Marie-Hélène Picard

Age – Twenty four

Born – Paris

'Good that was easy. Right what are your hobbies?

"OK I'm going to have to think now" she said to herself. "I have already lied about my age, what can I say to make me seem more alluring than I really am....?"

"Right!

I love reading romantic novels

I adore tennis

I love listening to classical music

I really love shopping

I adore chocolate

I love going to the cinema

That will do, I can't think of anything else."

Then Marie-Hélène clicked on the word 'continue.' The next instruction was 'upload a recent photograph here.' Marie-Hélène chose a photograph of herself taken when she was twenty two years old. Now she was ready for action.

La Confrontation

Claudette se sentit malade.

« Ça ne peut pas être vrai, pensa-t-elle avec un vague sentiment de gène.

« Marie n'est pas comme ça. »

Elle quitta le café et puis elle rentra chez elle. Jérôme était dans le jardin. Il fumait une cigarette, toujours dehors car Claudette l'aurait condamné à une longue souffrance s'il avait osé le faire à l'intérieur.

-Viens ici Jérôme, vite rentre. »

« Oh non elle rentre, qu'est ce qu'elle veut maintenant ? Je suis entrain de fumer ma clope!

Mais bien sûr il obéit à sa femme, il fait tout ce qu'elle demande toute suite !

-Qu'est-ce qui se passe, Claudette ?

-Il faut que je te parle, c'est urgent!

Le ton de Claudette était insistant. Jérôme la regarda sans être vraiment très intéressé. Il voulait être dehors, dans le jardin. Il voulait écouter les oiseaux chanter. En vérité il voulait fumer.

-Je suis tombée sur la meilleure amie de Marie-Hélène en ville, tu la connais, celle qui est obèse, elle a beaucoup grossi.

-Ah oui je la connais c'est Josette, c'est ça?

-Oui Josette c'est ça Josette qui s'assure que les mauvaises nouvelles s'apprennent vite.

-Qu'est ce que tu veux dire ?

Claudette respirait fort, elle aimait être dramatique.

-Josette dit que Marie-Hélène, notre enfant unique, qui à qui j'ai donné naissance…et non sans peine, est en fait lesbienne!

Il y eu un grand silence:

Puis Jérôme retrouva sa voix :

-C'est ridicule! C'est une blague évidement, Marie-Hélène n'est pas comme ça, c'est impossible.

-Comment tu sais ça, comment peux-tu être sure ?

Un autre silence.

-Dis-moi Jérôme, où est le mari de ta fille hein ? Où est l'homme dans sa vie ? je ne peux pas le voir, et toi tu peux?

-Mais elle a eu beaucoup de liaisons avec le sexe opposé. Je l'ai même trouvée une fois dans sa chambre avec un garçon et…….c'est pas important.

Jérôme s'arrêta de parler quand il vit le regard sur le visage de sa femme.

-Nous parlerons de ça plus tard, Jérôme. Maintenant va chercher ton manteau, nous allons voir notre fille!

****

« Ouvre la porte Marie-Hélène c'est tes parents » cria Claudette. Marie lisait un magazine quand elle entendit la voix distincte de sa mère. Elle ouvrit la porte.

-Salut maman, papa je ne savais pas que vous veniez aujourd'hui, je pensais que c'était demain. Entrez, vous voulez une tasse de……. ?

« Tais-toi Marie-Hélène ! » dit Claudette d'un ton sec. « Nous voulons te dire »

Ils entrèrent dans le petit salon de Marie. Son magazine était ouvert sur la table. Il y avait des images de jeunes femmes qui portaient des dessous, bien en vue de tout le monde.

Claudette sauta immédiatement sur ces images:

-Je le savais, je le savais. Regarde Jérôme, voilà la preuve est là !

« De quoi tu parles maman ? » demanda Marie-Hélène perplexe.

-Papa… ?

Mais Jérôme ne dit rien, Jérôme allait faire une attaque.

Claudette regarda sa fille dans les yeux.

-Josette m'a tout dit. Nous savons Marie-Hélène Picard, nous savons ce que tu es!

« Je ne comprends pas ce dont tu parles » protesta Marie-Hélène. « Josette a dit quoi exactement? »

« Jérôme » cria Claudette, « dis-lui, je ne peux pas dire les mots. »

Jérôme allait mourir. Il ne voulait pas parler de choses personnelles. Il aimait Marie de tout son cœur et il espérait qu'elle tomberait amoureuse de quelqu'un, un homme avec de l'avenir. Mais ces images, Marie les regarde pourquoi ?

-Marie je t'aime mais je dois te poser une question: Dis à ton papa, tu es lesbienne?

Marie regarda ses parents fixement. D'abord son papa et puis sa mère et puis les deux en même temps. Elle n'en croyait pas ses oreilles.

« Bien sûr que non ! » elle répondit avec colère « quelle question ! »

« Calme-toi ma petite, je te crois » dit son père « ouf je respire »

Il se tourna vers sa femme.

-Je connais ma fille et je sais quand elle dit la vérité.

Mais Marie pouvait voir que sa mère avait encore des doutes.

-Maman je ne vais pas défendre ma position, tu sais très bien que Josette dit les mensonges, et pour l'amour du ciel je choisissais un soutien-gorge dans le magazine. Et d'ailleurs, si tu veux tout savoir, je vais sortir demain soir avec un homme, oui, pas une femme…un homme!

Exercices

Répondez en Anglais

How did Claudette feel when she left the cafe?
Where did she go?
Where was her husband when she arrived home?
What was he doing?
What did Claudette tell her husband about their daughter?
What was his response?

Translate the following sentences into English

Je pensais que c'était demain
Il voulait être dehors
Il voulait écouter les oiseaux chanter
Il y eu un long silence
Elle aimait être dramatique
La preuve est là

Translate the following sentences into French

Her magazine was on the table
We will talk about that later
It's not important
He saw the look on his wife's face
I was choosing a bra from the magazine
We want to talk to you

The Confrontation

Claudette felt sick. 'It can't be true' she thought with a vague sense of unease. 'Marie is not like that.'

She left the cafe and then she went home. Jérome was in the garden. He was smoking a cigarette, always outside because Claudette threatened her long suffering husband with violence, if he dared to do it in the house.

"Come here Jérôme, quick come in."

'Oh no, she's back, what does she want now? I'm still smoking my ciggy!'

But of course he obeyed his wife. He did everything that she asked straight away.

"What's going on Claudette?"

"I must speak to you, it's urgent" Claudette responded insistently. Jérôme looked at her with feigned interest. He wanted to be outside, in the garden. He wanted to listen to the birds singing. In truth he wanted to smoke.

"I bumped into Marie-Hélène's best friend, you know the one, very obese she looks like she's getting fatter."

"Ah yes I know her it's Josette isn't it?"

"Yes Josette, that's right, Josette who makes sure that bad news travels fast."

"What do you mean?"

Claudette took a deep breath. She loved to be dramatic.

"Josette says that Marie-Hélène, our only child, who emerged from my womb and caused me so much pain is really a lesbian!"

42

There was a big silence. Then Jérôme found his voice.

"That's ridiculous! It's a joke obviously, Marie is not like that, it's impossible!"

"How do you know that, how can you be so sure?"

Again the silence.

"Tell me Jérôme, where is your daughter's husband, where's the man in her life? I can't see him can you?"

"But she has had lots of relationships with the opposite sex. Once I found her in her bedroom with a boy and.......it's not important."

Jérôme stopped himself from talking when he saw the look on his wife's face.

"We'll talk about that later Jérôme, now go get your coat, we are going to see our daughter."

****

"Open the door Marie-Hélène it's your parents" cried Claudette. Marie was reading a magazine when she heard the distinctive voice of her mother. She opened the door.

"Hi Mum, Dad I didn't know that you were coming today, I thought that it was tomorrow, would you like a cup of........?"

"Shut up Marie-Hélène" said Claudette brusquely "we want to talk to you."

They went into Marie-Hélène's small living room. Her magazine was open on the table. There were pictures of young women wearing lingerie on view for all to see.

Claudette pounced on the pictures immediately.

"I knew it, I knew it. Look Jérôme here it is, the proof is there!"

"What are you talking about Mum?" asked Marie-Hélène confusedly. "Dad......?"

But Jérome didn't say anything. Jérôme was having a stroke!

Claudette looked her daughter in the eye.

"Josette told me. We know Marie-Hélène Picard, we know what you are!"

"I don't know what you're talking about" protested Marie.

"Josette said what?"

"Jérôme" cried Claudette "Tell her, I can't say the words."

Jérôme wanted to die. He didn't want to talk about personal things. He loved Marie very much and he hoped that she would fall in love with someone, a nice man who has good prospects. But these pictures why is Marie looking at them?

"Marie I love you but I have to ask you a question. Tell your Dad, are you a lesbian?"

Marie stared at her parents. First her Father and then her Mother and then both of them at the same time. She could not believe what they were asking her.

"Of course not" she responded angrily "What a question."

"Calm down sweetheart, I believe you" said her father. "Ouf what a relief!" He turned to his wife.

"I know my daughter and I know when she is speaking the truth."

But Marie could see that her mother still had doubts.

"Mum I am not going to defend my position, you know very well that Josette tells lies and for goodness sake, I was choosing a bra from the magazine!

And if you must know everything I am going out tomorrow night with a man, not a woman a man!"

44

La vie avec Robert

Il y avait des traces de crème fraiche sur le visage de Josette. Elle eut envie de se faire un petit cadeau (qu'elle pourrait manger) après sa victoire contre la famille Picard.

« J'ai vraiment vendu la mèche et je m'en fiche pas mal!

Josette avait conscience de ce qu'elle avait dit de Marie-Hélène était un mensonge. Cependant elle était convaincue que c'était la seule façon de traiter les gens comme ça. Ah oui Josette était très contente de la situation et elle décida d'aller acheter quelque chose pour Robert.

« Je suis en ville, il y a beaucoup de magasins donc pourquoi pas?

Elle entra dans un magasin qui vendait des vêtements hommes.

« Puis-je vous aider Madame ? » demanda le jeune vendeur. Josette lui aurait donner une gifle!

« Madame, pensa-t-elle avec indignation. Quel culot je suis trop jeune pour ce titre!

- Non merci, je n'ai pas besoin de votre aide.

- Je vous en prie.

Elle choisit une chemise bleue pour Robert, pas trop chère.

« C'est parfait, la même couleur que ses yeux » se dit-elle avec un tendre sourire.

-Il va aimer !

Josette paya pour la chemise puis quitta le magasin pour rentrer.

« Salut, c'est moi » dit Josette tout en ouvrant la porte. Elle pouvait voir Robert, l'amour de sa vie, assis à l'ordinateur dans le salon.

« Qu'est-ce que tu fais? » demanda Josette.

« Rien, rien » dit Robert spontanément, et il éteignit l'ordinateur avant qu'elle ne puisse voir ce qu'il avait regardé.

- Où as-tu été Josette?

- En ville je t'ai acheté un petit cadeau pour te montrer combien je t'aime.

« Ne sois pas si bête » pensa Robert avec irritation mais il ne le dit pas.

-Un cadeau pour moi? Oh merci bien, c'est très gentil de ta part. Fais voir?

-Bien sûr, chéri.

Josette le donna la chemise.

-Ce n'était pas très cher mais c'est à la mode et je me suis dit que tu pourrais la porter avec ton nouveau jean.

-C'est une belle chemise, tu l'as achetée où ?

-Dans un magasin en ville. Robert, le vendeur m'a appelée 'Madame' ça arrive beaucoup dernièrement.

« Qui peut lui reprocher? pensa Robert sans coeur, tu es trop grosse pour être une jeune fille. Mais il dit « il a besoin de lunettes peut-être ? »

-Oh Robert tu es si gentil, je suis si contente que tu es à moi.

Elle essaya de l'embrasser mais il bloqua ses bras dodus.

-J'ai besoin d'aller aux toilettes.

Et il s'échappa.

****

Josette était inquiète. Elle croyait qu'elle avait de bonnes raisons parce que Robert était devenu très froid envers elle. Elle ne savait pas quoi à faire pour le mieux. C'était si difficile de l'approcher ces derniers temps. Avant, il était si différent. Elle aurait acheté un petit cadeau comme des bières ou des cigarettes et il aurait été si prévenant envers elle.

« Y avait-il quelqu'un d'autre ? Elle se torturait l'esprit avec cette pensée. Elle l'imaginait dans les bras d'une autre fille, qui était très jolie et mince. Elle voulait desespérément chasser ces pensées de son esprit mais elle n'y arrivait pas : C'était trop difficile. Surtout comme Robert était toujours si distant. Josette voulait avoir une bonne amie avec qui elle pourrait parler de ces choses-là. Pour être honnête Josette savait que Marie-Hélène aurait été l'amie idéale mais elle l'avait brossée à rebrousse-poil depuis leur dernière rencontre.

« Je sors, à plus tard. »

La voix de Robert interrompit ses pensées. Josette entendit la porte claquer.

« Où allait-il maintenant ?

Exercices

Translate the following sentences into English.

Après sa victoire contre la famille Picard
Cependant elle était convaicue
Elle décidait d'aller acheter quelque chose
Puis-je vous aider ?
Elle choisit une belle chemise bleue
La même couleur que ses yeux
Josette paya pour la chemise

Translate the following sentences into French.

I am in town.
Don't be so soppy
The love of her life
By the computer in the living room
What are you doing
That's very kind of you

True or false?

Josette bought Robert a pair of jeans (true or false?)

Josette felt guilty about lying to Claudette (true or false?)

Robert and Josette have a loving relationship (true or false?)

Josette rubbed Marie-Hélène up the wrong way (true or false?)

Josette wished she had a good friend (true or false?)

Robert is becoming more and more attentive towards Josette (true or false?)

Life with Robert.

There was evidence of fresh cream on Josette's face. She had felt that she'd deserved a little gift (that she could eat) after her victory against the Picard family.

'I've really let the cat out of the bag and I couldn't care less!'

Josette was aware that what she said about Marie-Hélène was a lie. However she convinced herself that it was the only way to treat people like that. Oh yes Josette was happy with the circumstances and she decided to buy something for Robert.

"I'm in town, there are plenty of shops, why not?"

She went into a shop that sold men's clothes.

"Can I help you Madame?" asked the young salesman. Josette wanted to give him a slap!

'Madame' she thought indignantly 'what a cheek, I'm too young for that title!'

"No thank you, I don't need your help."

"Very well."

She chose a blue shirt for Robert, not too expensive.

"It's perfect the same colour as his eyes" she said to herself with a tender smile. "He's going to love it." Josette paid for it in cash and then she left the shop to go home.

****

"Hi, I'm back" said Josette as she entered the house. She could see Robert, the love of her life, by the computer in the living room.

"What are you doing?" asked Josette.

"Nothing, nothing" said Robert quickly and he switched off the computer before she could see what he'd been looking at.

"Where have you been Josette?"

"In town, I've bought you a little present to show that I love you."

'Don't be so soppy' thought Robert irritably, but he didn't say it.

"A present for me? Oh thanks a lot, that's very kind of you. Can I see it?"

"Of course you can darling."

Josette gave him the shirt.

"It wasn't very expensive but it's trendy and I thought that you could wear it with your new jeans."

"It's a good shirt, where did you buy it?"

"From a shop in town. Robert, the salesman called me 'Madame' that's happening a lot lately."

'Who could blame him?' thought Robert uncharitably 'you are too fat to be a young girl.' But he said "He needs glasses maybe.....?

"Oh Robert you are so sweet, I'm so glad that you're mine."

She tried to kiss him but he dodged her fleshy arms.

"I need to go to the toilet" and he escaped.

****

Josette was worried. She believed that she had good reasons because Robert had become very cold towards her. She didn't know what to do for the best. It was so difficult to approach him these days. In the past he was so different. She would have bought him a little present such as beers or packets of cigarettes and he would have been so attentive towards her.

'Was there someone else?'

She often tortured herself with this thought. She would imagine him in the arms of another girl, who was very pretty and slim. She was desperate to make the thoughts disappear from her mind but she could not do it. It was too difficult a task. Especially as Robert was always so distant. Josette wished that she had a good friend that she could talk to about these sort of things. To be honest Josette knew that Marie-Hélène would have been the ideal friend. But she had rubbed her up the wrong way from the day they had met.

"I'm going out, see you later."

Robert's voice interrupted her thoughts. Josette heard the door slam.

"Where was he going now?"

Un soir impossible à oublier

Marie-Hélène arrivait à peine à se remettre de la confrontation avec ses parents. Elle ne pouvait pas croire qu'ils aient cru une chose comme ça! Pour qui la prenaient-ils? Et Josette!

Marie-Hélène avait des choses à lui dire. Elle l'aurait pousser sous un train, vraiment! Cette fille n'arrêtera jamais!

Marie-Hélène se calma en buvant une tasse de thé. Elle ne voulait pas penser ni à Josette ni à ses parents. Elle eut une réponse de www.vouspouveztrouverunhomme.fr et elle était aux anges. Marie-Hélène lit son profil avec grand enthousiasme.

-Le voilà, il s'appelle André Jourdain, il a vingt-huit ans, il est expert comptable et il cherche une fille qui est jolie et mince et très amusante.

'Je suis romantique et généreux et après avoir lu votre profil, je sais que vous pourriez être quelqu'un pour moi. J'espère que vous me rencontrerez, votre photo est adorable, vous avez l'air si belle. J'attends pour votre réponse avec impatience.'

Marie-Hélène regarda sa photo avec plaisir.

-Il est très photogénique, on dirait un mannequin! Ça va être fantastique quand Josette me voit avec lui, il n'est pas comme le grand Robert du tout. Elle sera si jalouse, ça va être la revanche suprême!

Ils s'étaient fixé un rendez-vous pour le soir. Marie-Hélène choisit un restaurant renommé en ville qui s'appelle L'Etoile. Il ne lui restait plus qu'à trouver quelque chose à porter.

****

« Tu sors encore ? demanda Josette, des larmes dans la voix.

-Oui, j'ai l'air élégant?

Josette ne répondit pas à sa question. Elle pouvait sentir son après-rasage dans toute la pièce. Robert portait sa nouvelle chemise bleue avec son jean bleu.

« Où vas-tu? tu es sorti hier soir, protesta-t-elle. Mais Robert fit semblant de ne pas l'entendre.

-Reste ici ce soir Robert s'il te plait.

Josette était entrain de le supplier.

-Nous pouvons regarder un film ensemble

« Je ne peux pas ce soir, répondit Robert.

-Mon frère et ses amis sont en ville et ils m'ont demandé de sortir avec eux.

-Première nouvelle! On en apprend tous les jours.

-J'ai oublié de te le dire, d'accord? Tu fais des histoires pour rien!

-Mais Robert je…..

-Josette je sors quand j'en ai envie.

-Tu vas rentrer tard ?

-Je ne sais pas, je verrai comment ça se passe.

Et Robert quitta la maison. Après quelques minutes, Josette prit son manteau.

-Je vais voir où il va !

****

Marie-Hélène avait des nœuds dans l'estomac. En même temps, elle avait hâte de rencontrer Monsieur

André Jourdain. Elle avait de la chance d'avoir attiré quelqu'un comme ça, avec un bon profil. Elle avait entendu beaucoup d'histoires épouvantables qui étaient arrivées à d'autres filles.

« C'est pas mon problème, les choses sont différentes pour moi.

Elle avait l'air très belle. Elle portait une robe rouge et les talons hauts. André ne va pas pouvoir lui résister…..

Elle arriva au restaurant un peu à l'avance. André avait fait une réservation donc Marie-Hélène s'asseya à la table. Elle commanda un verre de vin blanc pour calmer ses nerfs. Elle voulait avoir l'air raffiné mais elle était en sueur.

« Calme-toi ça va être bien. »

Le restaurant était plein mais il n'y avait personne qu'elle connaissait. Elle regarda sa montre, André était en retard. Puis, tout à coup un homme s'approcha de sa table.

-Bonsoir Marie-Hélène.

-Robert! Qu'est ce que tu fais ici, Josette est avec toi ?

Quel choc! Robert était la dernière personne qu'elle avait prévu de voir.

-Non, Josette n'est pas ici…car je suis venu pour te rencontrer.

Pour quelques secondes, Marie-Hélène pensa qu'elle avait mal entendu.

-Je suis André Jourdain, Robert André Jourdain.

Puis il s'asseya sur la chaise d'en face. Marie-Hélène sentit un frisson dans le dos.

-Tu mens! Ce n'était pas ta photo sur l'ordinateur, tu ne peux pas être André, oh mon Dieu je ne peux pas le croire !

-Bien tu n'as pas été honnête avec moi non plus, tu n'as pas vingt-quatre ans.

Pauvre Marie-Hélène rougit jusqu'aux oreilles.

« Bien je n'ai pas fait semblant d'être quelqu'un d'autre répliqua-t-elle, je m'en vais.

-Non, reste s'il te plait je….je te veux Marie-Hélène je t'ai toujours voulue.

-Quoi ?

-C'est vrai, tu es exactement ce que je cherche.

-Robert tu es fou? Tu dois savoir que je ne resens rien pour toi. Et Josette ?

-Je ne la veux plus, les choses ne vont plus entre nous, je vais lui dire demain.

-Qu'est-ce que tu vas me dire, Robert ?

La corpulance imposante de Josette projeta une ombre sur la table.

Il y eut un silence très long. Personne ne parla. Soudain le téléphone portable de Marie-Hélène sonna. C'était sa mère.

-Alors, quand allons-nous rencontrer ton nouveau copain?

FIN

Exercices

Trouvez les phrases suivantes dans la texte ;

She could push her under a train.
That girl will stop at nothing.
Marie-Hélène had read his profile with great
enthusiasm.
He's a chartered accountant.
I am romantic and generous.
He is very photogenic.
He looks like a male model.
Robert was wearing his new blue shirt.
She was lucky.
When are we going to meet your new boyfriend
then?

Translate the following into English;

Il y eut un très long silence.
Je vais voir où il va.
Puis il s'assit sur la chaise d'en face.
Tu men!
Oh mon Dieu, je ne peux pas le croire !
Un frisson dans le dos.
Ils s'étaient fixé un rendez-vous le soir.
J'ai l'air élégant?
Tu es sorti hier soir.
Ça va être la revanche suprême !

An Unforgettable Evening.

Marie-Hélène was still recovering from the confrontation with her parents. She could not believe that they had believed a thing like that! What were they on? And what about Josette! Marie-Hélène had a few things to say to her! She could push her under a train, she really could, that girl will stop at nothing!

Marie-Hélène calmed down as she drank a cup of tea. She didn't want to think about Josette or her parents. She'd had a response from www.youcanfindaman.fr and she was filled with excitement. Marie-Hélène had read his profile with great enthusiasm.

Here he is!

His name is André Jourdain, he is twenty-eight years old. He is a chartered accountant and he is looking for a girl who is pretty and slim and good fun.

'I am romantic and generous and after I read your profile I knew that you could be the one for me. I hope that you meet me, your photo is gorgeous, you are so beautiful. I wait in anticipation for your reply.'

Marie-Hélène looked at his photo with pleasure and appreciation.

'He is very photogenic, he looks like a male model, it's going to be fantastic when Josette sees me with him, he's not like the great Robert at all. She will be so jealous, it's going to be the ultimate revenge!'

They arranged to meet each other during the evening. Marie-Hélène chose a popular restaurant in town called The Star. Now all she had to do was to find something to wear.

****

"You're going out again?" asked Josette tearfully.
"Yes, do I look OK?"
Josette did not respond to his question. She could smell his strong aftershave. Robert was wearing his new blue shirt with his blue jeans.
"Where are you going? You went out last night" she protested. But Robert pretended not to hear her.
"Stay here tonight Robert, please" Josette was imploring now. "We can watch a film together."
"I can't tonight" responded Robert. "My brother and his friends are in town and they have asked me to go out with them."
"It's the first I've heard of it."
"I forgot to tell you okay? What a fuss."
"But Robert I....."
"Josette I'll go out if I want to!"
"Are you going to be late?"
"I don't know, I'll see how it goes."
And then Robert left the house. After a few minutes Josette grabs her coat.
"I'm going to see where he goes."

****

Marie-Hélène felt nervous. However, she could not wait to meet Mr André Jourdain. She was lucky because she had attracted someone like that with her profile. She had heard many horror stories of girls in the same position.
"That's not my problem, things are different for me."

59

She looked beautiful. She wore a red dress and high heels. André would not be able to resist her.

She arrived at the restaurant a little early. André had made a reservation so Marie-Hélène sat at the table. She ordered a glass of white wine to calm her nerves. She wanted to look refined but she was dripping in perspiration.

'Calm down it's going to be fine.'

The restaurant was full of people but there wasn't anyone that she knew. She looked at her watch, André was late. Then suddenly a man approached the table.

"Good evening Marie-Hélène."

"Robert! What are you doing here, is Josette with you?"

What a shock, Robert was the last person that she'd expected to see.

"No Josette isn't here because-I've come to meet you."

For a moment Marie-Hélène thought that she must have misheard him.

"I am André Jourdain, Robert André Jourdain."

Then he sat on the chair opposite. Marie-Hélène felt a shiver run down her spine.

"You're a liar! It was not your photo on the computer, you can't be André oh my God I can't believe it!"

"Well you haven't been totally honest with me, you're not twenty-four."

Poor Marie-Hélène reddened to the roots of her hair.

"Well I didn't pretend to be someone else" she replied "I'm going."

"No, stay please. I want you Marie-Hélène, I've always wanted you."

"What?"

"It's true, you are exactly what I'm looking for."

60

"Robert are you mad? You must know that I don't feel anything for you and what about Josette?"

"I don't want her anymore, things aren't good between us. I'm going to tell Josette tomorrow."

"What are you going to tell me Robert?"

Josette's ample form cast a shadow on the table.....

There was a long silence. No one spoke. Suddenly Marie-Hélène's mobile phone rang.

It was her mother.

"When are we going to meet your new boyfriend then?"

THE END

Exercise answers.

Chapter one

It's her birthday
She is still single
Josette
False
Being in a relationship with Robert
Thirty-five
Not what one would call good friends
She is shocked and insulted.

He is not a good lover
Help I'm not young anymore
She sighs
He is not very intelligent
She speaks in annoyance
Her patience has its limits!
I'm trying to lose weight
Formulated for women over the age of 30.

Chapter two

False
Her mother
Her mother is argumentative
Because she is unmarried
Because Josette is in a relationship
Does Robert have a brother.

Elle est presque en pleurs
J'espère que je tu reverrai jamais plus
Le téléphone sonne pour la deuxième fois
Elle rit pour la première fois
Malheureusement c'est pas elle du tout
Elle reconnait la voix immédiatement
Tu agis comme une imbécile
Ce n'est pas sa faute

I know you very well
What are you doing with your life?
What do you mean by that?
She is scared to death
Not even a cretin like Robert
But she feels shame
Her mother is short and slim
She picks up the phone.

Chapter three

Because she is always talking
Claudette snatches the newspaper from Jérome
because he is admiring a picture of a woman
wearing a bikini
To town
False, she parks the care near to the theatre
The waitress is pleasant
No Josette has the day off
She wants to get revenge
They are always saying that she is overweight.

It's not worth it
She can't really be our daughter
Besides, you know that it is you who I love
The lights are on green
Anything is possible
At least, I don't think so
Are you going out with her tonight?
I don't want to worry you.

Tu parles trop, tais-toi!
Je dois essayer d'être plus optimistique
D'ailleurs j'ai faim
Je veux un autre mari
Bien c'est dommage
Puis elle sortit en claquant la porte
Oh oui c'est ça, je suis jalouse
Allez-vous voir Marie ?

Chapter four

Fatiguée
Difficile
Sa vie
Jolie

Suddenly
She jumped up in excitement
I have already lied about my age
More desirable than I am
Good that was easy
I love to read romantic novels
She was ready for action.

J'aime écouter à la musique classique
Ok je vais devoir penser
Jalouse de Josette, je ne pense pas
Je trouverai un homme un jour
Elle s'affalée dans le fauteuil
Ça ne vaut pas la peine
Je suis en âge d'avoir des enfants

Chapter five

Claudette felt sick
Home
In the garden
Smoking
That she went to clubs for lesbians
Shock and disbelief

I thought it was tomorrow
He wanted to be outside
He wanted to listen to the birds singing
There was a long silence
She loved to be dramatic
The proof is there.

Son magazine était sur la table
On parlera de ça plus tard
C'n'est pas important
Il voyait le regard sur le visage de sa femme
Je choisissais un soutien-gorge dans le magazine
Nous voulons te parler.

Chapter six

After her victory against the Picard family
However she convinced herself
She decided to buy something
Can I help you
She chose a blue shirt
The same colour as his eyes
Josette paid in cash

Je suis en ville
Ne sois pas si bête
L'amour de sa vie
Assis à l'ordinateur dans le salon
Qu'est-ce que tu fais ?
C'est très gentil de ta part

False
False
False
True
True
False

Chapter seven

Elle l'aurait pousser sous un train
Cette fille n'arrêtera jamais
Marie-Hélène a lu son profil avec grand
enthousiasme
Il est expert comptable
Je suis romantique et généreux
Il est très photogénique
On dirait un mannequin
Robert portait sa nouvelle chemise bleue
Elle avait de la chance
Alors, quand allons-nous rencontrer ton nouveau
copain?

There was a long silence
I'm going to see where he goes
Then he sat on the chair opposite
You're a liar!
Oh my God, I can't believe it
A shiver down her spine
They arranged to meet each other tonight
Do I look smart?
You went out yesterday evening (last night)
It is going to be the ultimate revenge.

L'homme de mes rêves

L'humiliation en public

"Je ne peux pas parler maintenant, maman" dit Marie-Hélène. Sa mère était l'une personne à qui elle ne voulait pas parler.

"Bien, qu'est ce qui se passe ici?" demanda Josette en colère. "Qu'est ce que tu fais avec elle, Robert?"

"Josette" dit Robert d'un ton apaisant, "c'est pas ce que tu penses."

"Vraiment? Alors où sont tes amis? Je ne vois personne, là, tout que je vois c'est toi avec cette salope!"

"Josette!" s'écria Marie-Hélène, et tout le monde autour les regardait, "ne me traite pas de salope! Ce n'est pas ma faute, je suis venue ici ce soir pour rencontrer...."

"Tais-toi!" cria Josette, les yeux globuleux, "je ne te parlais pas à toi!"

Un serveur s'approcha discrètement. "Monsieur, mesdames est-ce que tout va bien?"

"Allez-vous en!" hurla Josette et le pauvre garçon eut si peur et qu'il s'éloigna à pas de loup.

"Josette, laisse-moi t'expliquer," dit Robert, "Marie-Hélène m'a demandé de venir ici ce soir."

"Quoi? Il ment Josette, je ne savais même pas qu'il allait être ici, tu vois je..."

"Marie-Hélène" dit Robert avant qu'elle ne puisse finir, "tu dois dire la vérité, Josette a le droit de savoir:"

"Le droit de savoir quoi? Dites-moi!" demanda Josette en lançant des regards furieux à tous les deux.

"Josette, tu ne vas pas aimer ce que j'ai à te dire, mais je pense que tu devrais savoir que ta meilleure amie, comment je peux le dire? Elle est amoureuse de moi."

"Qu'est-ce que tu racontes?" demanda Marie-Hélène. Elle avait très bien entendu mais elle ne pouvait pas le croire, et avant qu'elle ne puisse ajouter quoique ce soit, Josette prit son verre de vin et lui jeta à la figure.

"Je le savais, je savais que tu voulais mon Robert, et tu prétends être mon amie! Pourquoi est-ce que tu ne peux pas te trouver ton propre homme, hein?"

Tout à coup, il y eut un grand silence dans le restaurant. Tout le monde regardait Marie-Hélène pour voir sa réaction.

"C'est ridicule, Robert dit-elle, c'est pas vrai" protesta-t-elle. Mais Robert ne l'écouta pas. Il n'avait pas supporté d'être rejeté donc il fallait la faire souffrir.

"Marie-Hélène" dit-il d'une voix forte, "tu dois arrêter de me courir après, je ne te veux pas tu n'es pas mon type. Et non, pour répondre à ta question, je ne veux pas coucher avec toi, pas maintenant, jamais d'ailleurs."

Puis il se mit debout à côté de Josette. "C'est ma femme, Marie-Hélène et tu dois l'accepter, je l'adore et je ne la laisserai pas pour toi!"

Josette regarda Marie-Hélène, avec une expression de grand triomphe. "Tu comprends? Ou doit-il le répéter?" demanda-t-elle d'un ton sarcastique. Marie-Hélène ne s'était jamais sentie si embarrassée. C'était humiliant et si publique! Et par-dessus le marché, Jean, son dernier copain était aussi dans le restaurant, avec sa

70

jeune copine, et ils avaient donc assisté à la scène entre elle, Josette et Robert.

"Bon, tu n'as pas quelque chose à dire?" Josette était déterminée à la rendre encore plus mal à l'aise, "tu ne penses pas que tu devrais me présenter des excuses?"

"Josette, est-ce que tu es vraiment si stupide? Il ment, c'est lui qui a répondu à mon profil. Tu vois, j'ai joint une agence de rencontres sur Internet récemment et Robert, l'amour de ta vie ici....."

"Tu mens Marie-Hélène Picard! Je ne te crois pas, Robert m'adore, tu l'as entendu de tes propres oreilles. Arrête tes mensonges, mais où est ta fierté? Tu dois accepter que personne ne te veux et tu vas rester seule. Ce n'est pas ma faute, donc pourquoi est-ce que tu essaies de gâcher ma vie? Tu es égoïste, et tu le sais mais tu ne changeras pas parce que tu crois que tu es la plus belle femme du monde. Bien regarde toi maintenant, tu n'as vraiment pas l'air attirante, là. Robert on y va, j'ai dit tout ce que j'avais besoin de dire."

Puis ils ont quitté le restaurant, en laissant pauvre Marie-Hélène avec tous les spectateurs autour!

Après avoir payé pour son vin, Marie-Hélène quitta le restaurant à son tour. Jean, son dernier copain l'appela mais elle fit semblant de ne rien entendre. Elle voulait éviter tous les regards de pitié, et elle voulait vraiment tuer Robert et Josette.

Une fois rentrés à la maison, Josette dit à Robert de ne pas inquiéter. Elle n'avait jamais eu confiance en Marie-Hélène et elle n'allait plus jamais l'approcher.

"Je pense qu'elle ne t'approchera plus jamais après ce soir" dit-elle. C'était clair que Josette se sentait maintenant rassurée. Robert avait dit qu'il l'aimait et elle était si heureuse. Ses mots l'avait apaisée. Elle allait le remercier avec plus qu'un sourire...

Robert, cependant était très soulagé. Il avait échappé à tout soupçon, car Josette était la personne la plus crédule qu'il connaissait! Leur petite maison appartenait à Josette. Elle en avait hérité de sa grand-mère, et malgré ses relations avec Josette, il aimait y vivre. Il avait aussi le grand avantage de ne pas avoir à payer le loyer:

"On va se coucher maintenant? demanda Josette de manière séduisante. Elle supposait qu'après l'incident de ce soir, il aurait voulu une nuit de la passion avec elle. Malheureusement ce n'était pas le cas.

"Quoi, pourquoi? C'est trop tôt pour aller dormir et de toutes façons, je ne suis pas fatigué."

"Bien, je pensais que nous aurions peut-être pu, tu sais..."

Robert a compris exactement ce qu'elle suggérait, et il allait faire tout qu'il pourrait l'éviter. Si tout était passé selon les prévisions, il aurait à cette heure-là au lit avec Marie-Hélène. Robert l'avait voulu depuis longtemps, et il croyait qu'une fois ils auraient été ensemble, elle se serait rendu compte qu'il était l'homme qu'elle avait attendu toute de sa vie!

"Tu montes Josette, je n'en ai pas pour longtemps" dit-il.

"D'accord chéri" répondit Josette et elle monta se préparer pour une nuit de folie avec l'homme de ses rêves.

Après avoir attendu toute seule une heure dans le lit, elle descendit l'escalier pour aller chercher l'homme qui lui avait déclaré qu'il l'adorait quelques heures plus tôt. Pauvre Josette était très déçue quand elle trouva Robert, endormi dans le canapé, il avait vraisemblablement oublié de sa présence.

****

Révisions Chapitre un

Quelle est la traduction en Anglais:

1 C' est pas ce que tu penses.
2 Bien, qu'est ce qui se passe ici?
3 "Vraiment? Alors où sont tes amis?"
4 Et tout le monde les regardait.
5 Un serveur s'approcha discrètement.
6 Tu dois dire la vérité.
7 Il y eut un grand silence.
8 Puis il se mit debout à coté de Josette.
9 Avec une expression de grand triomphe.
10 Jean, son dernier copain était aussi dans le
restaurant.

Find these phrases in the text:
1 It was humiliating and so public!
2 "Don't you think that you owe me an apology?"
3 "And Robert, the love of your life here...."
4 "Where is your pride?"
5 "You think that you are the most beautiful
woman in the world."
6 After she had paid for her wine.
7 She pretended that she hadn't heard him.
8 "Shall we go to bed now?"
9 "You go up Josette, I won't be long."
10 A night of lovemaking with the man of her
dreams.

Public Humiliation.

"I can't talk now, mum" said Marie-Hélène. Her mother was the one person that she did not want to speak to.

"Well what's happening here?" asked Josette angrily. "What are you doing with her Robert?"

"Josette" said Robert pleadingly, "it's not what you think."

"Really? Well where are your friends? I can't see them, all that I can see is you with that bitch!"

"Josette" cried Marie-Hélène and everyone was looking at them, "don't call me a bitch! This isn't my fault, I came here tonight to meet..."

"Shut up" cried Josette, her eyes were bulging, "I'm not talking to you."

A waiter approached them cautiously. "Is everything ok here?"

"Go away!" screamed Josette and the poor waiter was so scared that he backed away from them.

"Josette, let me explain" said Robert, "Marie-Hélène asked me to come here tonight."

"What? He's lying Josette, I didn't even know that he was going to be here, you see I..."

"Marie-Hélène" said Robert before she could finish, "you must tell the truth, Josette has the right to know."

"The right to know what?" Tell me!" Josette glared at them both.

"Josette you're not going to like what I have to say but I think that you ought to know, that you're best friend, how can I put it? she is in love with me."

"What did you say?" asked Marie-Hélène. She had heard but she could not believe it, and before she could say anything else, Josette picked up her glass of wine, and threw it at her.

"I knew it, I knew that you wanted my Robert, and you pretend to be my friend! Why can't you find a man of your own eh?"

Suddenly there was a great silence in the restaurant. Everyone was looking at Marie-Hélène to see her reaction.

"That's ridiculous, Robert tell her, it's not true" she protested. But Robert wasn't listening to her. He had not appreciated her rejection and he wanted her to suffer.

"Marie-Hélène" he said in a loud voice, "you must stop running after me, I don't want you, you are not my type. And no is the response to your question, I don't want to go to bed with you, not now, not ever!"

Then he stood next to Josette. "This is my woman, Marie-Hélène, and you have to accept it, I love her and I am not leaving her for you!"

Josette looked at Marie-Hélène with an expression of great triumph. "Do you understand? Or does he have to repeat it?" she asked sarcastically. Marie-Hélène had never felt so embarrassed. It was humiliating and so public. And to make matters worse, Jean, her ex-boyfriend was also in the restaurant, with his young girlfriend, and they were watching the scene between her, Josette and Robert.

"Well, haven't you got anything to say?" Josette was determined to make her feel awful. "Don't you think that you owe me an apology?"

"Josette, are you really so stupid? He's lying, it was he who responded to my profile. You see I joined a computer dating agency recently and Robert, the love of your life here..."

"You're lying Marie-Hélène Picard! I don't believe you, Robert loves me, you heard that with your own ears. Stop your lies, and where is your pride? You have to accept that no one wants you and you're going to be alone. It's not my fault so why are you trying to ruin my life? You're an egotist and you know it, but you won't change because you think that you are the most beautiful woman in the world. Well look at you now, not very attractive. Come on Robert, let's go, I've said all that I need to say."

Then they left the restaurant leaving poor Marie-Hélène with all the spectators! After paying for the wine, she left the restaurant. Jean, he ex called her name, but she pretended not to hear him. She wanted to avoid all of the pitying looks, and she really wanted to kill Josette and Robert.

Once they were back at home, Josette told Robert not to worry. She had never trusted Marie-Hélène, and was not going to have anything to do with her.

"I don't think that she'll come near you again, after tonight" she said. Josette seemed to be reassured. Robert had said that he loved her, and it had made her so happy. His words had appeased her. She was going to thank him later, with more than a smile....

Robert, however was relieved. He had escaped from a very precarious situation. Their little house belonged to Josette. She had inherited it from her grandmother, and despite his relationship with her, he loved living there. There was also another big advantage, she didn't make him pay any rent.

"Shall we go to bed now?" she said seductively. Josette assumed that after his earlier announcement, he

76

would want a night of passion with her. Unfortunately this was not the case.

"What, why? It's too early to go to bed, and anyway I'm not tired."

"Well I thought that we could, maybe, you know...."

Robert understood exactly what she was suggesting, and he was going to do whatever he could to avoid it. If things had gone his way, he would have been in bed with Marie-Hélène by now. Robert had wanted that for a long time. He believed that once they were together, she would realise that he was the one that she had been waiting for, all of her life!

"You go up Josette, I won't be long" he said.

"Okay darling" she responded, and she went upstairs to prepare for her night of mad passion, with the man of her dreams.

After she had waited alone, for an hour in bed, she went downstairs to look for the man who had claimed to adore her, a few hours earlier. Poor Josette was very disappointed when she found Robert, asleep on the sofa. He had forgotten all about her.

****

La Suite

Marie-Hélène ne pouvait pas dormir, après la nuit affreuse dans le restaurant. Elle n'arrivait pas à croire que Robert avait menti. Et Josette toujours stupide! Comment ne pouvait-elle pas voir ses défauts? Marie-Hélène était dans la cuisine, entrain de boire une tasse du café. Elle décida d'arrêter de penser à eux, mais soudain elle se rappela du visage de Jean.

'Oh non' pensa-t-elle avec désespoir, 'il était au restaurant hier soir et il a tout vu. Que quelqu'un me tue maintenant!'

Marie-Hélène ne pouvait pas oublier les mots terribles de Josette. 'C'était vrai?' pensa-t-elle, 'est-ce que je suis si désagréable?' Elle décida de voir si elle pourrait trouver du réconfort dans son horoscope. Elle le lisait tout les matins en espérant que ça allait dire qu'elle allait rencontrer quelqu'un, très bientôt, qui allait tomber en amoureux d'elle. Marie-Hélène alla voir si le journal avait été distribué. C'était là à la porte comme d'habitude, et elle le prit.

'Alors' pensa-t-elle, 'donnez moi de bonnes nouvelles s'il vous plait!' Marie-Hélène est née en juin et son signe était donc Gémeaux; son horoscope d'aujourd'hui était:

'Vous avez été dans une situation difficile récemment et vous sentez que vous ne trouverez jamais l'amour. Ne vous désespérez pas! Il y a quelqu'un pour vous et vous le rencontrerez très bientôt!'

Les mots étaient encourageants mais Marie-Hélène ne les crut pas du tout. Le téléphone sonna et c'était sa mère, Claudette. Et, bien sûr elle voulait savoir que ce qui s'était passé au restaurant hier soir. Marie-Hélène ne voulait rien lui dire, pour des raisons évidentes, mais elle savait que sa mère allait continuer à la harceler de questions. Cependant elle essayait de changer de sujet en espérant que sa mère perdrait intérêt.

"C'était pas mal" dit-elle avec désinvolture, "et toi maman, comment ça va? Tu as décidé où tu vas en vacances cette année? Je sais que papa aimerait aller aux Etats-Unis, il dit toujours que...."

"Marie-Hélène, tu changes de sujet pourquoi? C'était un homme que tu as rencontré hier, n'est- ce pas?"

Marie-Hélène éclata. "Maman pour l'amour de Dieu je ne suis pas une lesbienne, Josette Bonnier est une grande menteuse; si tu veux savoir c'était Robert qui j'ai rencontré hier soir et......"

"Ah si j'avais raison" Claudette sauta sur sa fille comme un chat sur une souris. "Je le savais! Ton papa n'était pas d'accord avec moi, mais je te connais Marie-Hélène Picard, tu veux toujours ce que tu ne peux pas avoir!"

"Dis-moi maman pourquoi est-ce que tu as cette opinion de moi? J'aimerais savoir car je n'ai jamais fait rien pour justifier cette vision que tu as de moi."

Claudette ne dit rien. Elle savait que c'était la vérité et qu'elle-même essayait de garder des secrets de son propre passé. Personne ne savait ce qu'elle avait fait et personne ne pouvait découvrir son secret parce qu'on l'appellerait une hypocrite.

"Ton papa me dit qu'il t'a déjà surprise avec un garçon dans ta chambre" annonça-t-elle d'un ton triomphant.

"Quoi? C'est une vieille histoire, maman et de toutes façons nous faisions les devoirs" répondit sa fille exaspérée.

"Bien j'ai entendu que vous faisiez beaucoup plus que ça, mais nous discuterons de ça plus tard car je veux savoir quoi tu faisais avec le copain de Josette?"

"J'ai joint une agences de rencontres et il a répondu à mon profil" dit Marie-Hélène de façon honteuse. Puis elle ajouta "c'était pas ma faute, je pensais que c'était quelqu'un autre, et il savait que ça allait être moi au restaurant, il voulait me rencontrer."

"Une agences de rencontres?" exclama Claudette, "c'est pour les femmes désespérées n'est- ce pas?"

"Non pas vraiment, beaucoup de gens utilisent cette méthode pour trouver des partenaires de nos jours" répondit Marie-Hélène d'un air indigné.

"Mais Robert il a sa copine, non? C'est vrai qu'elle est énorme et elle ne peut jamais arrêter de manger mais....."

"Je ne sais pas qu'est ce qui se passe entre eux maman et Robert n'a pas le droit de me mettre dans cette position. Josette croit que je l'ai attiré dans mon piège, elle a une imagination fertile, je pourrais dire la même chose à propos de Robert. Je le déteste et il l'a dit que j'ai essayé de lui courir après : C'est pas vrai maman je préfèrerais mourir seule."

"D'accord, d'accord Marie-Hélène, je te crois" dit Claudette.

"Vraiment?" demanda sa fille, elle était en état de choc parce que le soutien de sa mère était la dernière chose à laquelle elle s'attendait.

"Ecoute-moi Marie-Hélène" continua Claudette, "tu es ma fille et je t'aime, je sais que tu me trouves difficile quelque fois mais j'ai mes raisons. Tu es une très belle jeune femme, qui n'a pas besoin d' agences de rencontres. Je sais que tu vas rencontrer quelqu'un, qui va te rendre très heureuse."

"Maman" chuchota Marie-Hélène, "Tu es malade?"

"Robert est-ce tu dors?" demanda Josette doucement. Elle avait été très déçue quand il s'était endormi la veille, et elle n'avait pas fermé l'œil de la nuit. Robert, cependant ne voulait pas être dérangé. Il avait rêvé de Marie-Hélène et l'image de ses lèvres rouges et son corps nu. C'était, ce qu'on appelle un beau rêve, Marie-Hélène l'avait supplié qu'il la prenne dans ses bras et de faire amour avec lui. Il est réticent et d'abord Il avait dit 'non' mais elle lui avait couru après. Ils étaient dans une forêt et quand elle avait fini par l'attraper, elle lui arracha ses vêtements. Il essaya d'échapper mais Marie-Hélène était trop forte, et il ne pouvait pas lui résister.......

"Laisse-moi tranquille Josette!" dit-il de mauvaise humeur, "je suis fatigué."

"Mais je pensais que nous pourrions, tu sais...."

Elle arrêta de parler lorsqu'elle vit l'expression horrifiée de son visage. Josette était déconcertée. Robert lui donnait des messages mixtes. Il ne paraissait pas la vouloir au lit, même du tout. Elle voyait qu'il pensait à quelque chose, ou à quelqu'un, mais quoi, qui? Elle le regardait et il dormait profondément encore et il y avait un petit sourire sur ses lèvres. Le rêve de Marie-Hélène avait recommencé et elle le touchait intimement avec ses mains chaudes.

****

Revisions Chapitre deux

Translate the following phrases into English

1 Entrain de boire une tasse de café.
2 Marie-Hélène ne pouvait pas dormir.
3 Mais soudain elle se rappela du visage de Jean.
4 Son signe était donc Gémeaux.
5 Vous avez été dans une situation difficile
récemment.
6 Donnez moi de bonnes nouvelles.
7 Elle le lisait tout les matins.
8 C' était là à la porte.
9 Cependant elle essayait de changer de sujet.
10 Josette Bonnier est une grande menteuse!
11 Après la nuit affreuse dans le restaurant.
12 Pour les raisons évidentes.
13 En espérant que sa mère perdrait intérêt .
14 Ah si j'avais raison.
15 Où tu vas en vacances cette année?

The Following Day

Marie-Hélène was unable to sleep, after that awful night in the restaurant. She could not believe how Robert had lied. And Josette was so stupid! How can she not see his faults? Marie-Hélène was in the kitchen, about to drink a cup of coffee. She decided to stop thinking about them, but suddenly she remembered her ex-boyfriend, Jean's face.

'Oh no' she thought with despair, 'he was at the restaurant last night and he saw everything, someone kill me now!'

Marie-Hélène was unable to forget Josette's unkind words. 'Was it true?' she thought, 'am I so awful?' She decided to see if she could find some comfort in her horoscope. She read it every morning, hoping that it was going to say, that she was going to meet someone, very soon, who was going to fall in love with her. Marie-Hélène went to see if the newspaper had been delivered. It was there, at the door as usual. She picked it up.

'Right then' she thought, 'give me some good news please!' Marie-Hélène was born in June and her star sign was Gemini. Her horoscope today was:

'You have been in a difficult situation recently, and you feel that you will never find love. Don't despair! There is someone for you and you will meet him very soon.'

The words were encouraging but Marie-Hélène did not believe them at all. The telephone rang and it was her mother, Claudette. And, of course she wanted to know what had happened in the restaurant last night. Marie-Hélène did not want to tell her anything, for obvious reasons, but she knew that her mother was going to continue to harass her with questions. However, she tried to change the subject, hoping that her mother would lose interest.

"It wasn't a bad night" she said casually, "what about you mum, how are things? Have you decided where you are going on holiday this year? I know that dad would love to go to America, he always says that...."

"Marie-Hélène why are you changing the subject? It was a man that you met last night wasn't it?"

Marie-Hélène cried "Mum for goodness sake I am not a lesbian! Josette Bonnier is a big liar, if you must know it was Robert who I met last night and...."

"Ah, so I was right!" Claudette jumped on her daughter like a cat on a mouse. "I knew it! Your dad did not agree with me, but I know you Marie-Hélène Picard, you always want what you can't have!"

"Tell me mum, why do you have this opinion of me? I would love to know because I have never done anything to justifier how you see me!"

Claudette didn't say anything. She knew that it was the truth, and she herself was trying to keep the secrets of her own past. Nobody knew what she had done, and if anyone were to discover her secret, they would call her a hypocrite.

"Your father told me that he caught you in your bedroom with a boy!" she offered triumphantly.

"What? that's ancient history mum, and anyway we were doing our homework" replied her daughter exasperated.

"Well I heard that you were doing much more than that, but we will talk about that later, because I want to know what you were doing with Josette's boyfriend?"

"I joined a dating agency and he responded to my profile" said Marie-Hélène shamefully. The she added "it was not my fault, I thought that it was somebody else, and he knew that it was going to be me at the restaurant, he wanted to meet me."

"A dating agency?" exclaimed Claudette, "That's for desperate women isn't it?"

"No, not really, lots of people use them to find partners these days" replied Marie-Hélène indignantly.

"But Robert has a girlfriend hasn't he? It's true that she's enormous, and she can never stop eating but..."

"I don't know what's happening between them mum, and Robert has no right to put me in this position. Josette believes that I enticed him into my web, she has a fertile imagination, I could say the same thing about Robert. I detest him, and he told her that I have been chasing after him. It's not true mum, I would prefer to die alone!"

"Ok, ok Marie-Hélène, I believe you" said Claudette.

"Really?" asked her daughter, she was in a state of shock, support from her mother was the last thing that she was expecting.

"Listen to me Marie-Hélène" continued Claudette, "you are my daughter and I love you. I know that you find me difficult sometimes, but I have my reasons. You are a very beautiful young woman, who does not need dating agencies. I know that you are going to meet someone and he is going to make you very happy."

"Mum" whispered Marie-Hélène, "are you ill?"

****

"Robert are you asleep?" asked Josette sweetly.
she had been very disappointed when he had not joined
her in bed, and she had not slept a wink all night.
Robert, however did not want to be disturbed. He had
dreamt of Marie-Hélène and the image of her red lips
and naked body. It was what one would call a beautiful
dream, Marie-Hélène had been more than willing, and
he had taken her into his arms, and made love to her.
He had said 'no' to her at first but she had chased after
him. They had been in a forest, and when she caught
him she had torn off his clothes. He had tried to escape
but she was too strong, and he could not resist her.....

"Leave me alone Josette" he said crossly, "I'm
tired."

"But I thought that we could, you know..."

She stopped speaking when she saw the horrified
expression on his face. Josette was worried. Robert
was giving her mixed messages. He did not seem to
want her in bed at all. She could see that he was
thinking of something else, or somebody else, but who?
She watched him as he slept soundly, there was a little
smile on his lips. The dream of Marie-Hélène had
come back again, and she was touching him intimately,
with her warm hands.

****

Une Bouffée D'Air Frais

"C'est bizarre, cette femme ne peut pas être ma mère" pensa Marie-Hélène après leur conversation. Claudette n'était pas dans le camp de Josette cette fois et elle était pour sa fille. "Est-ce qu'elle essayait d'en arriver à ses fins ?" se dit Marie-Hélène, car Claudette profitait toujours de l'occasion pour la critiquer. De plus elle venait de lui faire un compliment! Marie-Hélène était de bonne humeur. Sa vie allait changer pour le mieux, elle en était sure. Donc, comme il faisait beau, elle décida de sortir.

Marie-Hélène s'habilla avec le plus grand soin. Elle avait récemment acheté ses vêtements et les portait pour la première fois. Elle ne voulait pas passer son temps à se morfondre car à quoi ça allait servir? Une bouffée d'air frais était juste ce dont elle avait besoin.

"J'ai envie d'aller au Jardin des Tuileries" décida-t-elle. Elle y était déjà allée avec ses parents, plusieurs fois et elle l'adorait. Donc, une fois prête, elle quitta la maison et prit le Métro pour aller à la destination de son choix.

Il y avait beaucoup de monde au Jardin des Tuileries, on aurait dit que tout le monde avait eu la même idée d'y aller ce jour-là. Marie-Hélène regarda les enfants jouer ensemble et elle oublia momentanément ses problèmes. Elle pensa qu'il n'y avait pas de plus joli coin sur la Terre. Elle trouva un coin à l'écart près du lac pour admirer la vue.

Tout à coup, un chien bondit devant elle. C'était un Labrador et il voulait jouer avec elle. Avant qu'elle ne puisse faire quoique ce soit, le chien l'a fit basculer à terre et pauvre Marie-Hélène est tomba dans le lac!

"Ambroise, où es-tu? Viens ici maintenant" cria son maître. Puis il vit Marie-Hélène dans le lac.

"Je suis vraiment désolé, Mademoiselle" dit le jeune homme, "laissez-moi vous aider" et il la retira du lac. Marie-Hélène était furieuse, c'était le moins qu'on puisse dire. "Vous devriez maîtriser votre chien monsieur, regardez mes vêtements, ils sont fichus!" cria-t-elle vexée. C'était la deuxième fois, en vingt-quatre heures qu'elle était l'objet de spéculation, car il y avait eu beaucoup de spectateurs l'avaient vue tombe dans le lac. Ça avait été l'humiliation en publique une fois de plus.

"Mademoiselle vous avez raison d'être en colère, laissez-moi vous ramener chez vous, c'est le moins que je puisse faire. Ambroise n'est pas comme ça comme d'habitude, il doit bien vous aimer."

"Monsieur" dit Marie-Hélène d'un ton brusque, "j'ai froid et je suis trempée jusqu'aux os, le fait que votre chien pense qu'il m'aime bien n'a aucun intérêt pour moi. Les chiens doivent être tenus en laisse de toute façons" ajouta-t- elle toujours en colère.

Le Labrador remua la queue, essayant aussi de la faire craquer!

"Ma voiture est juste là-bas" dit le jeune homme, il avait bon cœur, et il essaya de dissimuler son envie de rire. "Venez, si vous plait."

Marie-Hélène le suivit à son véhicule et Ambroise était très content d'avoir trouvé une nouvelle amie! Sa voiture était une Jaguar bleue et l'homme ouvra la portière avant, côté passager pour elle.

"Au fait, je m'appelle Christophe Beaufort, et vous: comment vous appelez-vous?"

"Marie-Hélène, Marie-Hélène Picard" répondit-elle d'un air boudeur, cette deuxième humiliation n'allait pas être facile à oublier.

"Et quelle est votre adresse, Marie-Hélène Picard?" demanda Christophe toujours amusé.

"32 Rue des Maraichers, Paris" dit-elle d'une voix rageuse, parce qu'elle savait qu'il pensait que la situation était très drôle.

"Merci Marie-Hélène, je sais exactement où c'est, c'est pas trop loin."

Pendant la promenade en voiture, il essaya d'engager la conversation avec elle, mais Marie-Hélène ne répondait pas. Elle n'avait pas réalisé que Christophe était très beau. C' était un jeune homme de grande taille et mince, et il avait les yeux marron. Ses cheveux étaient châtain foncé et c'était évident qu'il était de bonne famille et bien cultivé.

Comme il voyait qu'elle n'allait pas répondre, il commença à parler à son chien.

"Ambroise" dit-t-il d'un ton taquin, "tu dois faire attention quand tu vas aux jardins publiques, Marie-Hélène aurait pu se noyer, tu sais, et ça a aurait été tout de ta faute!"

Ambroise aboya avec grand plaisir après son maître. Il l'aimait beaucoup et il espérait vraiment pouvoir passer du temps avec leur nouvelle amie!

Ils arrivèrent chez Marie-Hélène et elle sauta de la voiture. Une fois encore, Christophe essaya de présenter des excuses pour le comportement enthousiaste de son chien.

"Oubliez-le" dit-elle, elle était épuisée et elle voulait vraiment rentrer.

"Laissez-moi remplacer vos vêtements Mademoiselle Picard" insista Christophe, "je serais ravi de vous...."

"Non merci Monsieur Beaufort" répondit Marie-Hélène sans gêne, "Au-revoir."

"Bien joué, Ambroise!" dit Christophe de bonne humeur, "tu es déterminé à me trouver une copine, n'est- ce pas? J'admire ton choix cette fois car il faut dire que Marie-Hélène Picard est très belle!"

Ambroise avait l'habitude de faire la connaissance avec des inconnues. Christophe s'était trouvé dans plusieurs situations embarrassantes, causées par l'enthousiasme de son chien. Il y avait eu beaucoup de femmes peu recommandables, que Christophe avait dû éviter, surtout comme elles avaient vu que c'est un beau parti. Cependant il pouvait voir que Marie-Hélène était très différente d'elles, et il était déterminé à la revoir.

'Je dois arrêter de lire mon horoscope, n'importe quoi!' pensa Marie-Hélène avec un peu de tristesse. Elle se déshabilla et prit un bain. Trois heures plus tard quelqu'un frappa à la porte.

"Qui c'est?" hurla Marie-Hélène, ne voulant pas ouvrir.

"C'est un bouquet de fleurs pour Mademoiselle Picard."

Elle courra à la porte immédiatement et l'ouvra. "Un bouquet de fleurs pour moi?" demanda-t- elle, ravie, avant de prendre le bouquet des mains du livreur. Les fleurs étaient très belles et leur odeur était enivrante.

"C'est de la part de qui?" se demanda-t-elle avec grande curiosité, "c'est probablement Monsieur Beaufort."

Elle commença à penser que Christophe Beaufort n'était pas si mal après tout. Il avait été très galant envers elle et au moment de dire 'au revoir', elle avait regardé son visage et elle avait vu qu'il était beau. Marie-Hélène regarda la carte qui était arrivée avec les belles fleurs.

90

'Pour toi Marie, je t'aime, Robert.'

****

Révisions Chapitre trois

Translate the following phrases into French.

1 Claudette always took the opportunity to criticize her.
2 That woman can't be my mother.
3 And was wearing them for the first time.
4 Her life was going to change for the better.
5 She had already been there with her parents.
6 A breath of fresh air was just what she needed.
7 She did not want to sit around moping.
8 To admire the view.
9 Her chosen destination.
10 Claudette was not on Josette's side this time.
11 My car is just over there.
12 Dogs should be kept on a lead.
13 It's the least I can do.
14 Look at my clothes, they're ruined!
15 He must like you!

A Breath of fresh air.

It's bizarre, that woman can't be my mother' thought Marie-Hélène after their conversation. Claudette was not on Josette's side this time, she was on her daughter's side. "Is she terminally ill?" Marie-Hélène said to herself, because Claudette always took the opportunity to criticize her. What's more, she had actually paid her a compliment! Marie-Hélène was in a lighter mood. Her life was going to change, she was sure about that. So, as the weather was fine, she decided to go out.

Marie-Hélène got dressed with great care. She had recently bought her clothes and was wearing them for the first time. She did not want to spend the day feeling miserable, what would that achieve? A breath of fresh air was just what she needed.

"I fancy going to the Tuileries Garden" she decided. She had been there with her parents, several times, and she loved it. Therefore, once ready, she left the house and took the Metro to the destination of her choice.

There were a lot of people at the Tuileries garden, one could say that they had all had the same idea. Marie-Hélène looked at the children playing together, and she momentarily forgot her problems. She thought that this was the nicest place in the world, and she found a little space near the lake, to admire the view.

Suddenly a dog bounded towards her. It was a Labrador and he wanted to play with her. Before she could do anything, the dog had knocked her over and poor Marie-Hélène fell into the lake!

"Ambroise, where are you?" Come here now!" cried his master. Then he saw Marie-Hélène in the lake.

"I am really sorry, Mademoiselle" said the young man, "let me help you," and he pulled her out of the lake. Marie-Hélène was furious to say the least. "You ought to control your dog Monsieur, look at my clothes, they're ruined!" she cried angrily. It was the second time within twenty four hours that she had been the object of speculation, because plenty of people had seen her fall into the lake. It was public humiliation once again.

"Mademoiselle you are right to be angry, let me take you home, it's the least I can do. Ambroise does not usually behave like that, he must really like you."

"Monsieur" said Marie-Hélène brusquely, "I'm cold, I'm soaking wet, and the fact that your dog thinks that he likes me is of no interest to me. Dogs should be kept on a lead anyway!" she added, she was still furious.

The Labrador wagged his tail, he was also trying to make her smile!

"My car is just over there" said the young man, he had a good heart, and he was trying not to laugh. "Come, please."

Marie-Hélène followed him to his vehicle, and Ambroise was happy to have found a new friend! His car was a blue Jaguar, and the man opened the passenger door for her.

"By the way, my name is Christophe Beaufort, what's yours?"

"Marie-Hélène, Marie-Hélène Picard" she replied glumly, this second humiliation was not going to be easy to forget.

94

"And where do you live, Marie-Helen Picard?" asked Christophe still amused.

"32 Rue des Maraichers, Paris" she snapped because she knew that he thought that the situation was hilarious.

"Thank you Marie-Hélène, I know exactly where it is, it's not very far."

During the ride, he tried to engage her in conversation, but Marie-Hélène did not respond. She had not noticed that Christophe was very good looking. He was a young man, tall and lean, and he had brown eyes. His hair was dark brown, and it was obvious that he was from a good family and well educated.

When he saw that she was not going to respond, he started to talk to his dog.

"Ambroise" he said teasingly, "you must be careful when you're in public gardens, Marie-Hélène might have drowned, you know, and that would have been all your fault!"

Ambroise barked happily at his master. He loved him so much, and he hoped that they would be spending the day with their new friend!

They arrived at Marie-Hélène's and she jumped out of the car. Once again Christophe tried to apologise for his dog's enthusiastic behaviour.

"Forget it" she said, she was exhausted and she really wanted to get inside her house.

"Let me replace your clothes Mademoiselle Picard" insisted Christophe, "I would be delighted to..."

"No thank you Monsieur Beaufort" snapped Marie-Hélène, "goodbye."

"Well played Ambroise!" said Christophe happily, "you are determined to find me a girlfriend aren't you? I like your choice this time Marie-Hélène Picard is beautiful!"

Ambroise had a habit of introducing himself to strangers. Christophe had been in several embarrassing situations, caused by his dog's eagerness. There had been lots of unsuitable women, that Christophe had had to avoid, especially as they could see that he was a good catch. However, he could see that Marie-Hélène was different from them, and he was determined to see her again.

'I have to stop reading my horoscope, it's a load of rubbish!' thought Marie-Hélène sadly. She got undressed and took a bath. Three hours later someone knocked at the door.

"Who is it?" shouted Marie-Hélène, she didn't want to open it.

"It's a bouquet of flowers for Mademoiselle Picard."

She ran to the door immediately and opened it. "A bouquet of flowers for me?" she asked, delighted, before taking the bouquet from the delivery man. The flowers were very beautiful, and their odour was intoxicating.

"I wonder who sent them?" she said to herself curiously, "they are probably from Monsieur Beaufort."

She was beginning to think that Christophe Beaufort was not so bad after all. He had been very gallant towards her, and at the moment that she had said goodbye, she had looked at his face, and he was really handsome. Marie-Hélène looked at the card, that came with the flowers.

'For you Marie, I love you, Robert.'

****

Besoin de changement

Robert était un imbécile! Il se leurrait en pensant
que Marie-Hélène voulait vraiment de lui. D'après
Robert, les rêves qu'il avait de l'objet de son désir,
étaient clairement une prédiction de l'amour qu'ils
allaient partager ensemble. Il ne pensa pas du tout à
Josette ou comment elle se sentirait quand il la dirait la
vérité à propos de Marie-Hélène. Ce n'était pas
important et Josette aurait tout simplement eu à faire
face à la situation. Robert la regarda. 'Elle ne trouvera
jamais quelqu'un autre, regarde-la! Qui va vouloir
d'elle ?' pensa-t-il de façon désagréable, 'Peut-être un
aveugle.'

Robert prit son déjeuner que Josette avait préparé
avec grand soin. C'était son repas favori et elle le
regarda dévorer son Poulet au Porto avec des pommes-
de-terre et des légumes. Josette était toujours mal à
l'aise. Elle commençait à croire qu'il y avait beaucoup
plus à la situation avec Marie-Hélène, car l'attitude de
Robert semblait toujours distante. 'C'est étrange qu'il ne
m'a pas dit qu'elle lui courait après, pourquoi est-ce qu'il
l'avait gardé secret? Il aurait vraiment dû me laisser
parler à Marie-Hélène, je l'aurait dit de le laisser
tranquille. Et où est l'amour qu'il affirme avoir pour
moi? Il n'y a vraiment aucun signe. Robert ne m'a pas
vraiment touché depuis des mois maintenant, en fait on
dirait qu'il fait en sorte d'éviter ça. Je vais devoir faire
quelque chose…et vite!'

Josette voulait perdre du poids mais c'était toujours un défi, elle trouvait ça si difficile. Tout le monde pouvait voir qu'elle adorait manger et elle savait que Robert aurait préféré l'avoir mince. Il n'avait jamais rien dit de ce qu'il préférait mais elle l'avait souvent vu sur son visage, quand elle était tout nue ...elle n'aurait jamais attiré personne. Josette décida ce jour-là, qu'elle allait faire de grands efforts pour s'embellir.

"Dis-moi chéri" dit-elle d'un ton timide, "Tu crois que je devrais devenir membre du centre de fitness en ville? Je voudrais faire quelque chose de différent. Tu pourrais venir avec moi, ça pourrait être notre truc, tu sais, quelque chose que nous ferions ensemble, qu'en penses-tu?"

"Je n'ai pas besoin de perdre du poids Josette, je sais m'arrêter de manger" répondit Robert en la regardant de travers.

"C'est pas ce que je voulais dire" protesta Josette un peu blessée. "Je vois bien que tu n'as pas besoin de perdre du poids mais tu ne penses pas que faire un peu d'exercice serait bien pour toi et ton bien-être?"

"Josette" dit-t-il d'un ton brusque, "regarde-moi, tu es une femme qui a relativement de la chance, non? Il y a beaucoup de femmes qui aimeraient être à ta place et tu le sais, donc tu devrais aller à la gym sans moi, après tout tu as besoin de toute l'aide que tu peux obtenir."

****

"Qu'est-ce qui se passe ici?" se demanda Marie-Hélène. L'arrivée du bouquet de fleurs l'avait vraiment choquée. 'Robert Jourdain doit être fou s'il croit qu'il y a quelque chose entre nous surtout après la scène au restaurant, quel idiot!' Il faut dire qu'elle avait même préféré le cadeau qu'elle avait reçu de Josette pour son anniversaire parce qu'elle ne voulait rien de Robert. Marie-Hélène garda la carte comme preuve et donna les fleurs à la gentille vielle dame qui habitait dans la

98

maison d'à côté. Sa voisine était ravie et elle les accepta avec gratitude. Marie-Hélène s'avoua qu'elle était plus qu'un peu déçue que ce n'était pas Christophe Beaufort qui avait envoyé le bouquet. Elle se prépara donc à oublier l'incident avec le chien et le lac au Jardin des Tuileries. Elle n'aurait pas dû réagir comme ça parce qu'Ambroise avait juste essayer d'être affectueux.

'J'aurais dû être plus sympathique' pensa-t-elle avec regret, 'j'ai été si impolie avec lui, il ne va jamais vouloir me revoir!'

Cependant Marie-Hélène décida de le chercher sur Internet, elle pensait qu'elle allait bien trouver quelque chose. Elle tapa son nom sur le clavier et le beau visage de Christophe Beaufort apparut sur l'écran. Il y avait des renseignements sous la photo. Il était le fils unique d'Auguste et Amélie Beaufort. C'était évident que c'était une famille très riche, ils avaient des terrains et des biens immobiliers en France. Auguste Beaufort était aussi dans l'industrie hôtelière, et il était le propriétaire d'une grande chaîne d'hôtels en Martinique. Christophe a trente ans et il est célibataire. Sa dernière copine était Brigitte Arquette, un mannequin, mais après deux ans ensemble, ils avaient décidé de se séparer. Christophe faisait des études de Business à La Sorbonne.

'Oh la la' pensa Marie-Hélène, 'Christophe est jeune, très beau, très riche, bien cultivé, bien élevé et il est sorti avec une des belles mannequins de France. Oublie-le Marie, il n'est pas pour toi, tu n'as pas aucune chance avec un homme comme ça!'

****

"Robert tu as vu ma carte de crédit?" demanda Josette. Elle était toujours vexée par ses mots durs, mais elle était déterminée à faire un changement. "Je ne peux pas la trouver et j'en ai besoin pour payer mon inscription à la gym, elle était dans mon sac."

Robert rougit comme tomate car il l'avait utilisée pour acheter le bouquet de fleurs pour Marie-Hélène. Il se dit que ça serait fini entre lui et Josette dès qu'elle recevrait la note.

"Non, je ne l'ai pas vue" dit-il avec innocence, "c'est peut-être dans la chambre? Tu perds toujours tout Josette, tu devrais faire plus attention!"

Elle ne put pas la trouver dans la chambre car Robert l'avait cachée dans sa poche.

"Non, elle n'est pas dans la chambre, Robert, j'ai dû la laisser au travail je suppose" dit-t-elle d'un ton solennel et pesant, je n'irai pas à la gym aujourd'hui, j'attendrai jusqu'à ce que je la trouve."

Robert lui sauta dessus sans honte. "Je le savais!" dit-il d'un air méprisant, "c'est si typique de toi Josette, tu n'as aucune intention de faire des changements, admets-le."

Cette fois-ci, c'était trop, sa patience avait des limites.

"Tais-toi!" cria-t-elle, "Mais pour qui tu te prends? Si tu me parles encore une fois comme ça, je te mettrai à la porte, tu m'entends Robert? Je te mettrai à la porte!"

****

Révisions Chapitre quatre

Répondez aux questions:

1 Robert aimait beaucoup Josette, vrai ou faux?
2 Claudette était l'objet de son désir, vrai ou faux?
3 Josette ne voulait pas perdre du poids, vrai ou faux?
4 Elle était très mince, vrai ou faux?
5 Robert et Josette étaient déjà marier? vrai ou faux?
6 Marie-Hélène adorait Robert, vrai ou faux?
7 Marie-Hélène adorait le bouquet de fleurs, vrai ou faux?
8 Josette allait faire de grands efforts pour s'embellir, vrai ou faux?
9 Robert pensa que Josette trouverait quelqu'un autre facilement, vrai ou faux?
10 La gentille vielle était ravie avec le bouquet de fleurs, vrai ou faux?
11 Robert voulait aller à la gym, vrai ou faux?
12 Christophe Beaufort avait envoyé le bouquet, vrai ou faux?

A Need for Change.

Robert was a fool! He was deluding himself that Marie-Hélène really wanted him. According to Robert the dreams that he was having about the object of his desire, were clearly a prediction of the love that they were going to share together. He did not think about Josette at all, or how she would feel when he told her the truth about Marie-Hélène. That was not important, and Josette would simply have to face up to the situation. Robert looked at her. 'She will never get anybody else, look at her! Who is going to want her?' he thought spitefully, 'a blind man maybe.'

Robert ate his lunch, which Josette had prepared with great care. It was his favourite meal and she watched him devourer his Poulet au Porto, with potatoes and vegetables. Josette was forever ill at ease. She had started to believe that there was more to this situation with Marie-Hélène, because Robert's attitude seemed so distant. 'It's strange that he didn't tell me that she was chasing after him, why did he keep it a secret? I would have spoken to Marie-Hélène and I would have told her to leave him alone. And where is the love that he claims he feels for me? He doesn't show any signs of it, what's going on? Robert hasn't touched me for months now, in fact one could say that he goes out of his way to avoid it. I am going to have to do something....quickly.'

Josette wanted to lose weight, but it was always a challenge, she found it so difficult. Everyone was able to see that she loved to eat, and she knew that Robert

102

would prefer her to be slim. He never said anything about what he preferred, but she had often seen his face, when she was naked...she would never attract anyone. Josette decided that from today she was going to make a big effort to improve her appearance.

"Darling" she said timidly, "do you think that I should become a member of the fitness centre, in town?" I would like to do something different. You could come with me, it could be our thing, you know, something that we could do together, what do you think?"

"I don't need to lose weight Josette, I know when to stop eating" replied Robert, looking through her.

"That's not what I meant" protested Josette, a little hurt. "I can see that you don't need to lose weight, but I think that doing a little exercise would be good for you and your well-being."

"Josette" he said brusquely "look at me, you are a relatively lucky woman, don't you think? There are plenty of women who would love to be in your place, and you know it, so you ought to go to the gym without me, after all, you need all the help that you can get."

****

"What on earth is happening here?" said Marie-Hélène to herself. The arrival of the bouquet of flowers had really shocked her. 'Robert Jourdain must be mad if he believes that there is something between us, especially after the scene in the restaurant, what an idiot!' She even preferred the present that she had received from Josette for her birthday, she didn't want anything from Robert. Marie-Hélène kept the card as proof, and she gave the flowers to the nice old lady who lived in the house next door. Her neighbour was delighted and accepted them with gratitude. Marie-Hélène admitted that she was a little bit disappointed that the flowers had not been sent by Christophe

Beaufort. She was prepared to forget the incident with the dog, and the lake at the Tuileries garden. She felt that she overreacted, Ambroise was just trying to be affectionate.

'I should have been nicer' she thought with regret, 'I was very rude to him, he isn't going to want to see me again!'

However Marie-Hélène decided to 'Google' him on the internet. She thought that she was bound to find something. So she typed his name onto the keyboard and the beautiful face of Christophe Beaufort appeared on the screen. There was some information under the photograph. He was the only son of Augustus and Amelie Beaufort. It was obvious that the family were very rich and had many properties in France. Augustus Beaufort was also in the hotel industry, and he owned a large chain of hotels in Martinique. Christophe is thirty years old and he is single. His latest girlfriend was Brigitte Arquette, a model, but after two years together they decided to separate. Christophe studied business at the Sorbonne.

'Oh pooh' thought Marie-Hélène, 'Christophe is young, very good looking, very rich, well educated, well brought up, and he goes out with France's most beautiful models, forget it Marie, he is not for you, you don't have a chance with a man like that!'

****

"Robert, have you seen my credit card?" asked Josette. She was still vexed by his harsh words, but she was determined to make a change. "I can't find it and I need it to pay for my gym membership, it was in my bag."

Robert went as red as a tomato because he had used it to pay for the bouquet of flowers for Marie-Hélène. He had told himself that he and Josette would have broken up, by the time she received her credit card bill.

"No, I haven't seen it" he said innocently, "perhaps it's in the bedroom? You lose everything Josette, you should be more careful."

She was not able to find it in the bedroom because Robert had it hidden in his pocket.

"No it's not in the bedroom Robert, I must have left it at work, I suppose" she said in a solemn and thoughtful tone, "I won't go to the gym today, I'll wait until I've found it."

Robert pounced on her without any shame. "I knew it!" he said nastily, "It's so typical of you Josette, you don't have any intention of making changes, admit it!"

This time, it was too much, her patience had limits.

"Shut up!" she cried, "what is wrong with you? If you speak to me like that again I will throw you out, do you understand me Robert? I will throw you out!"

****

Lundi

C'était lundi matin et Marie-Hélène s'habilla pour aller au travail. Elle travaillait dans une grande maison de couture et elle avait été la gérante depuis trois ans. Il y avait quatre jeunes filles qui y travaillent aussi, et Marie-Hélène redoutait à chaque fois de les écouter parler de leurs bons weekends, de leurs jeunes et beaux copains et de leurs vies sexuelles fantastiques.

'Je n'ai rien à ajouter à une conversation comme ça' pensa-t-elle avec grande tristesse, 'je ne pense pas qu'elles seraient très impressionnée si je leur disais qu'un chien s'était pris d'affection pour moi, elles me feraient sentir si vieille!'

Pour le travail, elle portait une jupe bleue et un chemisier blanc. La jupe était jusqu'aux genoux et selon Marie-Hélène le chemisier n'avait aucun style. Les autres filles portaient de jolies robes de la maison de couture. Elle aurait aimé porter un uniforme comme ça et récemment elle avait même demandé à son patron si elle pourrait changer mais il lui avait répondu que comme c'était la gérante de sa maison, et pour une femme de son âge, cet uniforme n'aurait pas été approprié. Marie-Hélène l'avait très mal pris…c'est le moins qu'on puisse dire.

Au même moment, Josette s'habilla aussi. Robert était toujours au lit parce qu'il n'avait pas un boulot et il n'en voulait pas. D'après Robert, Josette gagnait suffisamment d'argent pour les deux. Josette était dans

106

l'administration. Elle avait fait cet type de travail depuis elle avait quitté l'école et elle ne voulait rien faire d'autre. Josette était très contente de s'asseoir à son bureau, où elle pourrait manger des bonbons et des gâteaux. Et tout le monde savait qu'elle avait toujours des cochonneries à dévorer dans son tiroir. Par-contre, elle ne devait pas porter un uniforme comme Marie-Hélène, et elle mettait toujours des vêtements dans lesquels elle se sentait à l'aise depuis le jour où sa robe avait craqué car elle avait trop mangé. Robert avait été choqué quand la femme qui avait déclaré l'aimer plus que tout au monde l'avait menacé de le mettre à la porte. Il avait essayé de se racheter mais cette fois, Josette ne voulait rien savoir. Elle commençait à réaliser qu'il ne lui donnait jamais rien, mais il était très content de prendre ce qu'elle lui donnait.. Sa mère lui avait récemment demandé leurs projets d'avenir: "Dis-moi Josette, allez-vous vous marier? " Et "ça fait longtemps que vous êtes ensemble, n'est-ce pas? Quels sont vos plans?" Et "Josette, tu ne vas pas être éternellement à l'âge où tu peux avoir des bébés, tu sais!" Sa mère aurait pu être comparée à une abeille incessante, qui la piquerait à la moindre opportunité avec ses remarques. Pourtant Josette la préférait à la mère de Marie-Hélène, car Claudette Picard avait une langue de vipère et selon Josette, sa fille avait des cicatrices psychologiques pour le prouver.

Elle laissa Robert au lit et quitta la maison, et une fois de plus elle se dit qu'elle était dans une meilleure position que Marie-Hélène. Josette avait beaucoup à faire aujourd'hui. Elle travaillait pour le service gratuit de consultations juridiques, et il y avait toujours quelque chose d'urgent à régler. Il va sans dire qu'elle était très contente que son travail de bureau lui permettait de manger à longueur de journée.

****

"Bonjour Marie-Hélène, tu as passé un bon weekend?" demanda Anaïs doucement. Elle avait dix-huit ans et elle était très jolie, Marie-Hélène l'aimait bien beaucoup.

"Oh comme ci comme ça" répondit-t-elle, "J'en ai eu des meilleurs."

"Mais je croyais que tu allais rencontrer quelqu'un?"

"Oh!" Marie-Hélène n'arrivait pas croire qu'elle lui avait parlé de son rendez-vous, c'était certainement quand elle lui avait téléphoné pour parler du nouvel arrivage pour la maison couture.

'Je devrais apprendre à garder la bouche fermée' pensa-t-elle un peu en colère, mais elle dit "J'ai oublié d'y aller, je ne l'ai donc pas rencontré."

"Pourquoi pas Marie? Ça aurait pu être le bon, tu sais l'homme de tes rêves!"

Marie-Hélène rit, Anaïs était toujours si innocente et idéaliste, elle était adorable.

"D'accord je n'oublias pas. Je me suis rendu compte de qui c'était réellement avant de partir de chez moi et je savais que cet homme était plus comme l'homme de mes cauchemars que celui de mes rêves! Ça aurait été un désastre."

"Oh je suis désolée Marie" dit Anaïs, elle était toujours sympathique et encourageante, "tu es si jolie et je suis convaincue que tu vas rencontrer quelqu'un de gentil très bientôt."

"J'ai mes doutes Anaïs mais merci quand-même."

****

"Laisse-les tranquille Claudette, c'est pas la peine, tu vas aggraver la situation entre les deux filles" protesta Jérôme.

"L'une de ces deux filles, comme tu le dis, c'est notre fille" cria Claudette, "et je ne vais pas laisser Robert et Josette la traiter comme ça!"

"Calme-toi Claudette et essaye de regarder la situation du point de vue de Josette. Marie est mince et très jolie et Josette ne l'est pas, elle n'est pas complètement idiote, elle sait que son copain s'est amouraché de Marie et il a toujours été, alors Josette a réagi dans cette façon, c'est normal, non ?"

"Tu as écouté un mot de ce que j'ai dit?" demanda Claudette en colère. "Notre fille a été humiliée par ce chien de Robert et sa grosse, et moi, sa mère, vais faire quelque chose à ce sujet, d'accord?"

Josette mangeait un gâteau à la crème quand Claudette arriva enragée dans son bureau. Ses collègues avaient peur et ils ne savaient pas quoi faire alors que Claudette déchargea son sac sur la plus jeune femme.

"Comment osez-vous traiter Marie-Hélène comme ça, elle n'a pas été autre chose qu'une bonne amie pour toi!"

"Si vous plait Madame Picard, pouvons-nous parler plus tard? C'est mon lieu de travail et je..."

"Vous m'écoutez Josette Bonnier" Claudette l'interrompit, "Si vous n'allez pas voir Marie pour présentez vos excuses je vais revenir ici et la prochaine fois ca sera pire pour vous, est-ce que c'est clair? »

"Oui, oui Madame Picard" répondit Josette à voix basse, "je comprends."

Claudette quitta le bâtiment au grand soulagement des gens qui y travaillaient. Elle était satisfaite que Josette ferait ce qu'elle lui avait dit et que sa fille retrouverait sa dignité. Elle se dirigea vers sa voiture mais elle s'arrêta quand elle entendit quelqu'un appeler son nom.

"Bonjour Claudette ça fait longtemps."

Le secret de son passé était revenu la hanter.....

****

Révisions Chapitre cinq

Complétez les phrases suivantes:

1 Elle avait été la gérante depuis----ans?
2 Il y avait------jeunes filles qui y travaillent aussi?
3 Elles me feraient sentir si-------?
4 Pour le travail, elle-------une jupe bleue et un chemisier blanc?
5 Marie-Hélène-------très mal pris?
6 Elle------manger des bonbons et des gâteaux?
When you have completed the phrases above, match them to the English phrases below:
1 Marie-Hélène had taken it badly.
2 They make me feel so old.
3 She had been the manager for three years.
4 She could ear sweets and cakes.
5 There was also four young girls working there.
6 For work she wore a blue skirt and a white blouse.

Monday

It was Monday morning and Marie-Hélène dressed herself for work. She worked in a large fashion house, and she had been the manageress for three years. There were four young girls who worked there, and Marie-Hélène every time, would have to listen to their chatter, about their great weekends, their young and good looking boyfriends, and their fantastic sex lives.

'I've got nothing to add to a conversation like that' she thought sadly, 'I don't think that they would be very impressed if I told them that a dog had showed an interest in me, they make me feel so old!'

For work she wore a blue skirt and a white blouse. The skirt was knee length and in Marie-Hélène's opinion the blouse had no style. The other girls wore pretty dresses from the fashion house. She would have loved to wear a uniform like that, and recently she had even asked her boss if she could change. But he had replied that as she was the manageress of the shop, and for a woman of her age, this uniform would not be appropriate. Marie-Hélène had taken it very badly, to say the least.

At the same time, Josette was also getting dressed. Robert was still in bed, because he did not have a job, nor did he want one. According to Robert, Josette was earning enough money for both of them. Josette was in administration. She had done this type of work since she had left school, and she didn't want to do anything else. Josette was very happy to sit at her desk in her office, where she could eat sweets and cakes. And everyone knew that she always had lots of goodies to stuff herself with, in her draw. Unlike Marie-Hélène, she did not have to wear a uniform, and she always wore loose clothes, so that she could eat as much as she liked, without feeling discomfort.

Robert had been shocked. The woman who had declared that she loved him more than anyone else in the world, had threatened to throw him out. He tried to get back into her good books, but she wasn't having any of it. She was starting to realise that he gave her nothing, but he was happy to take whatever he could from her. Her mother had recently asked about their future plans. "Josette, are you going to get married?" And "you have been together for a long time haven't you, what are your plans?" And "you're not always going to be young enough to have babies you know!" Her mother was someone who stated the obvious at any opportunity. However Josette preferred her to Marie-Hélène's mother, because Claudette Picard had a tongue like a viper, and in Josette's opinion, her daughter had the psychological scars to prove it.

She left Robert in bed and left the house, and once again she told herself that she was in a better position than Marie-Hélène. Josette had a lot to do today. She worked for a legal aid centre, and there was always something urgent to deal with. It goes without saying that she was happy to be able to eat all day in her office.

****

"Hello Marie-Hélène, did you have a good weekend?" asked Anais sweetly. She was eighteen years old, and she was very pretty, Marie-Hélène liked her a lot.

"Oh, it was ok" she replied, "I've had better."

"But I thought you were going to meet someone?"

"Oh!" Marie-Hélène thought that she hadn't mentioned that to anyone. She must have told her when she called to talk about the new arrivals for the shop.

'I should have kept my mouth shut!' she thought a little angrily, and she decided to lie "Oh I forgot to go, I didn't meet him."

"You forgot? Why Marie? It could have been the one, you know, the man of your dreams!"

Marie-Hélène laughed. Anais was always so innocent and idealistic, she was adorable.

"OK I didn't forget, but I realised before I left the house that it was someone I knew. This man is more like a man of my nightmares not my dreams! It would have been a disaster."

"Oh I am sorry Marie" said Anais, she was always so sympathetic and encouraging, "you are so pretty and I am convinced that you are going to meet someone nice very soon."

"I have my doubts Anais, but thanks all the same."

****

"Leave them alone Claudette, it's not worth it, you are going to aggravate the situation between the two of those girls" protested Jérôme.

"One of those girls, as you say, is our daughter" cried Josette, "and I am not going to let Robert and Josette treat her like that!"

"Calm down Claudette and try to look at the situation from Josette's point of view. Marie is slim and pretty and Josette is not. She is not a complete idiot, she knows very well that her boyfriend has got his eye on Marie, and he always has. Josette's reaction was normal don't you think?"

"Have you listened to a word I've said?" demanded Claudette angrily, "our daughter has been humiliated by that dog Robert and his fat girlfriend, and I, her mother, am going to do something about it ok?"

Josette was eating a cream cake when an enraged Claudette arrived at her office. Her colleagues were scared and they didn't know what to do when Claudette let her tongue loose on the younger woman.

"How dare you treat Marie-Hélène like that, she has been nothing but a good friend to you!"

"Please Madame Picard, can we talk later? This is my place of work and I..."

"You listen to me Josette Bonnier" Claudette interrupted, "if you don't go to see Marie and apologise I will come back here, and the next time it will be the worst for you. Is that clear?"

"Yes, yes Madame Picard" said Josette in a low voice, "I understand."

Claudette left the building, to the great relief of the people who worked there. She was satisfied that Josette would do as she was told, and that her daughter would regain her dignity. She walked towards her car but stopped and spun around, when she heard someone call her name.

"Hello Claudette, it has been a long time."

The secret of her past had come back to haunt her....

****

Le Client

Christophe Beaufort demanda à son chauffeur de revenir dans une heure, pour le ramener chez lui. Il était sans Ambroise aujourd'hui parce qu'il y avait quelque chose qu'il voulait faire. Christophe espérait pouvoir changer sa vie à jamais. Il avait pensé à elle tout le weekend, elle était autre chose, il le savait, il pouvait le voir. Christophe était encore reconnaissant envers son chien de l'avoir poussé dans le lac, au Jardin des Tuileries. Il lui avait donné beaucoup de petites gâteries pour le remercier. Son chien avait presque noyé la femme qui lui avait fait tant d'effet. Il n'avait pas été trop difficile de trouver où elle travaillait. Ça avait été la partie facile. Maintenant il fallait qu'il puisse la convaincre qu'il était le seul et unique au monde qui était fait pour elle. Christophe en avait discuté avec Ambroise et, bien sûr le Labrador avait été tout à fait d'accord avec le plan de son maître, pour gagner le cœur de Mademoiselle Marie-Hélène Picard.

****

"Oh mon Dieu c'est toi!" répondit Claudette et elle était vraiment choqué. "Qu'est-ce que tu fais ici? Je pensais que tu étais à Bruxelles."

"Je suis revenu, comment ça va ma chérie? Tu n'as pas du tout changé, je t'ai vraiment beaucoup manqué" dit l'homme en la fixant dans les yeux. Claudette commença à trembler, et une vielle passion monta en

115

elle. Elle ne dit rien pendant un instant, elle ne pouvait pas. Puis, à voix basse, elle répondit à ses mots tendres.

"Ça…ça va bien m…merci mais mon mari m'attend, je dois y aller. Je suis contente de t'avoir revu."

"Claudette" dit l'homme doucement, "Tu n'as pas le temps de prendre un café avec moi? Ça fait longtemps que je ne t'ai pas vue."

"Michel je ne peux pas tu sais que je ne peux pas, j'ai un mari et je suis mère maintenant" protesta-t- elle.

"Je sais que tu as été enceinte Claudette, dis-moi parce que je veux vraiment savoir, est-ce que le bébé est à moi?"

****

Christophe Beaufort arpenta dans la maison de couture. Les quatre jeunes vendeuses l'avaient immédiatement vu. Elles savaient qui il était parce qu'elles avaient vu sa photo à plusieurs reprises dans des magazines.

"Bonjour monsieur" dit Anaïs poliment, "puis-je vous aider?"

"J'espère, dites-moi y-a-t-il une Mademoiselle Picard ici aujourd'hui?" demanda-t-il

"Oui monsieur un moment si vous plait, je vais la chercher."

Anaïs se dirigea à l'arrière de la maison de couture, où il y avait un petit bureau. Marie-Hélène était entrain de vérifier des factures et elle ne s'attendait pas du tout à la surprise.

"Entrez" dit-elle, au moment où quelqu'un frappa à la porte.

"Marie-Hélène, il y a un homme ici qui demande à te voir."

"C'est le patron, Anaïs?

"Non c'est quelqu'un autre, je l'ai déjà vu dans les magazines, il est très beau."

116

Marie-Hélène poussa un soupir, "c'est quelqu'un qui cherche un cadeau pour sa femme ou sa copine probablement" dit-elle d'un ton envieux, puis elle suivit Anaïs à la maison de couture.

"Bonjour Mademoiselle Picard, comment ça va?" Christophe lui parla avec douceur.

"Oh c'est vous, Monsieur Beaufort" répondit Marie-Hélène, elle était énervée, "Qu'est-ce que vous faites ici? Je veux dire, c'est très agréable de vous voir. Puis-je vous aider avec quelque chose?"

"Oui, je crois que vous pouvez" dit-il avec un sourire, "je voudrais acheter des vêtements élégants. Pas pour moi vous comprenez, mais pour une jeune femme de votre taille."

"Oh" dit Marie-Hélène à voix basse, elle était un peu déçue, "avez-vous quelque chose de particulier en tête?"

"Non, pas vraiment mais cette femme est très belle, mademoiselle, une vraie beauté donc les vêtements doivent être à la hauteur."

'Qui était cette salope, une mannequin stupide?' pensa Marie-Hélène avec dégoût et le sentiment de jalousie l'enveloppa, mais elle dit "je verrai ce que je peux trouver pour vous.

Elle choisit des jupes, des robes et des culottes avec l'aide d'Anaïs. En l'espace de dix minutes, elles avaient l'équivalent d'une armoire de vêtements entre les mains. Marie-Hélène était furieuse quand Christophe lui demanda de présenter les modèles de la collection. Il la torturait; il était insupportable. Malgré tout, elle ne le refusa pas.

Elle lui présenta tous les vêtements et à la dernière robe il dit qu'il aimait tout et d'ailleurs achèterait tout. Puis, à la grande surprise de Marie-Hélène et des autres filles il annonça "les vêtements sont pour vous mademoiselle, de ma part et de celle de mon chien

Ambroise!" Et avant elle-même qu'elle ne puisse protester, il la prit dans ses bras et il l'embrassa passionnément.

****

"Non elle n'est pas à toi, c'est Jérôme son papa" dit Claudette sans conviction.

"Tu es sure Claudette?" c'est évident qu'avec un ton pareil, Michel avait des doutes.

"Oui je suis sure, Michel si te plait, c'est mon mariage, ma vie."

"Claudette je ne veux pas te blesser, mais si c'est ma fille je veux le savoir, c'est mon droit:"

Claudette Picard se cacha le visage dans les mains.

****

Le baiser sur ses lèvres lui avait paru si naturel. Il avait été long, doux et très sensuel. Marie-Hélène ne voulait pas que ça s'arrête. Christophe avait demandé de la voir plus tard, après le travail. Il allait venir chez elle pour l'amener au restaurant en ville. Anaïs lui conseilla de porter l'une des robes qu'il lui avait acheté et elle était d'accord. Marie-Hélène était très heureuse maintenant car elle avait enfin rencontré l'homme de ses rêves.

Josette n'était pas rentrée chez elle après une longue journée au bureau. Elle décida plutôt d'aller chez Marie-Hélène. Elle savait qu'il fallait faire quelque chose car la situation allait de mal en pis. Claudette Picard était effrayante et Josette savait qu'elle continuerait à la harceler tant qu'elle ne présenterait pas des excuses à sa fille. Ça allait être difficile mais elle n'avait pas le choix. Quand elle arriva chez Marie-Hélène, elle frappa à la porte. Marie-Hélène ouvra immédiatement en se demandant qui était là. Ça ne pouvait pas être Christophe car c'était trop tôt. Elle était très étonnée de voir Josette Bonnier à la porte.

118

"Josette qu'est-ce tu veux? Qu'est-ce tu fais ici? Tu n'es pas la bienvenue ici" dit Marie-Hélène sans se ménager.

"Ta mère est venue me voir aujourd'hui, au travail, c'était très désagréable."

"Vraiment?" demanda Marie-Hélène avec sarcasme, "tu veux dire comme l'autre soir, au restaurant?"

"C'est ce la raison pour laquelle je veux discuter avec toi et je veux la vérité à propos de Robert.

****

Révisions Chapitre six

Answer the following questions in English:

1 Who did Christophe Beaufort ask to return in an hour to take him home?
2 What did Christophe hope to change forever?
3 Why was Christophe so grateful to his dog?
4 Who's heart did Christophe want to win?
5 Where did Claudette think that Michel was living?
6 What was Michel trying to find out?
7 Where had the four young sales assistants seen Christophe's photograph?
8 What was Christophe's question to Anais when he entered the shop?
9 Where did Anais go to find Marie-Hélène?
10 Who did Marie-Hélène first assume had come to see her?

The Customer.

Christophe Beaufort asked his chauffeur to return in an hour, to take him home. He was without Ambroise today, because he had something that he wanted to do. Christophe hoped that he was going to change his life forever. He had thought about her all weekend, she was different, he knew that, he was able to see that. Christophe was eternally grateful to his dog, for pushing her into the lake at the Tuileries garden. He had given him lot of little treats to show his gratitude. His dog had almost drowned the woman who had affected him so much. It had not been too difficult to find out where she worked. That had been the easy part. Now all he had to do was convince her, that he was the only person in the world for her. Christophe had talked it over with Ambroise, and of course the dog had been in absolute agreement with his master's plan, to win the heart of Mademoiselle Marie-Hélène Picard.

****

"Oh my God, it's you!" said Claudette, and she was really shocked. "What are you doing here? I thought you were in Brussels."

"I have come back, how are you my darling?" You have not change at all, I have really missed you so much" said the man looking deeply into her eyes. Claudette started to tremble and an old passion stirred within her. She did not say anything for a while, she was unable to. Then in a low voice, she responded to his tender words.

"F-fine, everything is fine thank you, but my husband is waiting, I have to go. It was nice to see you again."

"Claudette" said the man softly, "haven't you got the time to have a cup of coffee with me? It's been a long time since I've seen you."

"Michel I can't, you know that I can't, I have a husband and I am a mother now" she protested.

"I know that you were pregnant Claudette, so tell me, because I really want to know, is the child mine?"

****

Christophe Beaufort walked into the fashion house. The four young sales assistants recognised him immediately. They knew who he was because they had seen his photo in several magazines.

"Hello Monsieur" said Anais politely, "can I help you?"

"I hope so, tell me is there a Mademoiselle Picard here today" he asked.

"Yes Monsieur, one moment please, I'll go and get her."

Anais went to the back of the shop, where there was a little office. Marie-Hélène was about to check some invoices, and she wasn't expecting a surprise visit at all.

"Come in" she said when she heard the knock on the door.

"Marie-Hélène there's a man here who has asked to see you."

"Is it the boss Anais?"

"No it's someone else, I've seen him in the magazines, he's very good looking."

Marie-Hélène sighed, "it's probably someone who's looking for a present for his wife or girlfriend" she said enviously. Then she followed Anais into the shop.

"Hello Mademoiselle Picard, how are you?" Christophe spoke softly to her.

"Oh it's you Monsieur Beaufort" replied Marie-Hélène, she was flustered. "What are you doing here? I mean it's very nice to see you. Can I help you with something?"

"Yes, I believe you can" he said with a smile. "I would like to buy some elegant clothes, not for me you understand, but for a young woman of your size."

"Oh" said Marie-Hélène in a low voice, she was a little bit disappointed. "Have you got something in particular in mind?"

"No, not really but this woman is very beautiful, Mademoiselle, a real beauty so the clothes must be of the best quality."

'Who was this bitch, a stupid model?' thought Marie-Hélène with disgust and she felt very jealous. But she said "I will see what I can find for you."

She chose skirts, dresses and trousers with Anais help. Within ten minutes they had the equivalent of a wardrobe of clothes in their hands. Marie-Hélène was furious when Christophe asked her to model the collection for him. He was torturing her, it was unbearable. Despite everything, she did not refuse him.

She tried on all the clothes for him and at the last dress he said that he had loved them, and would like to buy them all. Then, to the great surprise of Marie-Hélène and the other girls he announced "the clothes are for you, Mademoiselle, from me and from my dog, Ambroise!" And before she could protest, he took her in his arms and kissed her passionately.

****

"No she is not yours, Jérôme is her father" said Claudette without conviction.

"Are you sure Claudette?" It was obvious by his tone that Michel had his doubts.

"Yes I am sure, Michel please, this is my marriage, my life."

"Claudette I don't want to hurt you, but if it's my daughter I want to know, it's my right."

Claudette Picard buried her face in her hands.

****

His kiss on her lips had seemed so natural. It had been long, sweet and very sensual. Marie-Hélène didn't want it to end. Christophe had asked to see her later, after work. He was going to come to her house and take her to a restaurant in town. Anais suggested that she wore one of the dresses that he had bought, and she agreed. Marie-Hélène was very happy now, because she had at last met the man of her dreams.

Josette did not go straight home after her long day at the office. She decided to go and see Marie-Hélène instead. She knew that she had to do something, because the situation was going from bad to worse. Claudette Picard was relentless, and Josette knew that she would continue to harass her, if she didn't apologise to her daughter. It was going to be difficult but she didn't have a choice. When she arrived at Marie-Hélène's house, she knocked on the door. Marie-Hélène opened it immediately wondering who it could be. It couldn't be Christophe because it was too early. She was astonished to see Josette Bonnier at the door.

"Josette, what do you want? What are you doing here? You are not welcome here" said Marie-Hélène, and she meant what she said.

"Your mother came to see me today at work, it was awful."

"Really?" asked Marie-Hélène sarcastically, "you mean like the other night in the restaurant?"

"That is what I want to discuss with you, and I want you to tell me the truth about Robert."

124

L'amour est partout

"Qu'est-ce qu'il y a Claudette? Tu es malade?"
demanda Jérôme inquiet. Sa femme avait une
expression étrange sur son visage.

"Quoi? Non ça va bien" répondit Claudette
distraitement.

"Tu as vu Josette?"

"Oui, oui elle va présenter ses excuses à Marie-
Hélène."

"Donc, tu as ce que tu voulait alors?"

Claudette ne répondit pas. Elle ne voulait pas
penser à la situation entre Marie-Hélène et Josette
maintenant, parce qu'elle-même avait de plus grands
problèmes. Claudette avait peur, elle pouvait tout
perdre, son mari, sa fille, sa maison, sa réputation......Et
tout le monde le saurait. Les gens seraient au courant de
son passé et de son petit secret. Marie-Hélène
découvrirait que sa mère, la femme qui la critique sans
arrêt, était une vraie hypocrite et était coupable
d'adultère. Elle allait dire à sa fille que Jérôme n'était
en fait pas son vrai père, comment? C'était évident
qu'elle adorait son papa et que ça la détruirait.

'Marie va me haïr' pensa-t-elle avec grande
tristesse, 'et Jérôme ne me pardonnera jamais.'

Pendant les six premiers mois de son mariage,
Claudette avait eu une liaison avec Michel. Jérôme
était allé travailler à Lyon en laissant Claudette à Paris.
Elle ne le voyait pas trop pendant ces jours, et c'était

une jeune fille, toute seule, à Paris la ville la plus romantique au monde. Il avait été très facile pour Michel de la séduire. Ils s'étaient rencontrés dans un petit café et Michel, qui à l'époque était bien connu pour être un dragueur, avait vu la solitude dans ses yeux ainsi que son désir d'être aimée. On pourrait dire qu'en fait, il s'était servi d'elle parce qu'il s'était jeté sur la jeune femme vulnérable. Quand Michel partit pour aller à Bruxelles, ça lui avait vraiment brisé le coeur. Elle était convaincue que c'était l'amour de sa vie, et qu'un jour, ils seraient ensemble définitivement. Ce n'avait pas dérangé Michel de lui dire qu'il allait partir, elle l'avait entendu d'un ami qu'ils avaient en commun. Ça n'avait pas été une grande surprise quand elle découvrit qu'elle était enceinte. Claudette voulait ce bébé plus que tout. Comme elle avait continué à avoir des rapports sexuels avec son mari pendant cette période, elle avait pu garder la vérité en secret - jusqu'à maintenant.

"Jérôme, j'ai quelque chose à te dire."
****

"Je te l'ai déjà dit" dit Marie-Hélène avec frustration, "Ton Robert avait prévu de me rencontrer et m'avait complètement menti au sujet de qui il était vraiment."

"Tu mens!" cria Josette en colère, "Comment tu peux dire ça?"

" Comment je peux dire ça? Dis-moi Josette pourquoi est-ce que tu me traites de menteuse, hein? Et toi? C'est pas toi qui a dit à ma mère que j'étais lesbienne?"

Josette rougit comme tomate: Elle s'était sentie soulagée quand Claudette ne l'avait pas mentionné. "C'est pourquoi tu as dit tout ça sur Robert...pour la vengeance?"

126

"Non, j'ai dit la vérité sur Robert. Entre j'ai quelque chose à te montrer."

****

"Qu'est-ce qui se passe Claudette? Tu as l'air très sérieuse" dit Jérôme avec grande curiosité.

Claudette se retenu un instant. "Quand nous étions mariés, pendant les premiers mois, j'ai rencontré quelqu'un. Nous avons eu une liaison et - et je pense que Marie-Hélène est sa fille, je suis si désolée Jérôme." Et puis elle fondit en larmes.

"Calme-toi Claudette, calme-toi ça va aller" dit Jérôme très serein. 'Je sais pour ta liaison, je l'ai toujours su, je sais aussi que tu te sens coupable. Je te pardonne Claudette car tu était seule et c'était très difficile pour toi."

"Mais Jérôme" exclama-t-elle choquée, "tu ne m'as pas entendue? Je te dis que Marie-Hélène pourrait être sa fille!"

"Claudette" répondit-il fermement, "Michel Banet, oui ma chérie je le connais, n'est pas le père de Marie-Hélène. Je suis son père et j'ai la preuve."

"Quoi? Qu'est-ce tu racontes? Tu le savais et tu es quand-même resté avec moi?"

"Quand Marie-Hélène est née j'ai tout de suite su qu'elle était de moi et pour en être sûr, j'ai fait un test de paternité à ton insu. Le résultat était en faveur de moi à cent pour cent! Michel Banet est à l'Hôtel du Louvre, oui chérie je sais qu'il est revenu, et tu peux lui envoyer la preuve de ma paternité si tu veux!"

Claudette regarda son mari avec grande gratitude. Elle savait que tout allait s'arranger et qu'il ne le dirait jamais à Marie-Hélène. Elle l'aimait tant. "Merci Jérôme, je ferai ça."

Pendant ce temps, chez Marie-Hélène, Josette était sous le choc. Marie-Hélène lui avait donnée la carte qu'elle avait reçue avec les fleurs de Robert.

"Tu me crois maintenant Josette ou est-ce tu penses que je l'ai écrite moi-même?"

"Je te crois, je peux voir que c'est son écriture" dit Josette d'un ton morne. Puis elle quitta la maison.

C'était dix-neuf heures quand Christophe Beaufort frappa à la porte de Marie-Hélène Picard. Il avait l'air très beau comme d'habitude et il l'embrassa avec passion et lui dit qu'elle était très belle et élégante. Juste toucher ses lèvres la faisait se sentir excitée et le monde soudain, paraissait comme une endroit totalement différent. Il va sans dire que Marie-Hélène avait enfin trouver ce qu'elle avait recherché.

Josette était arrivée chez elle maintenant et elle était vraiment en colère. Elle était prête à confronter Robert. Elle avait été stupide, aveugle. Elle venait de réaliser qu'elle ne l'aimait pas, mais elle avait peur d'être seule. Ça n'allait malgré tout pas changer sa décision de le mettre à la porte!

"Marie-Hélène m'a tout dit et je veux que tu t'en ailles" dit-elle fâchée.

"De quoi est-ce que tu parles?" dit Robert, "qu'est-ce qu'elle t'as dit? N'écoute pas à cette femme, tu ne vois pas qu'elle est jalouse de toi?"

"Jalouse de moi, pourquoi Robert? C'est car je suis si belle et mince, hein?" Sors avant je te tue" cria Josette et elle lui jeta une tasse à la figure. Robert avait vraiment peur, il ne l'avait jamais vue comme ça! Il pourrait voir de la haine dans ses yeux et il sortit de la maison en courant. Josette jeta ses vêtements par la fenêtre, et décida de commencer une nouvelle vie.

****

"Salut! C'est Marie-Hélène Beaufort ici! Deux années se sont écoulées et je suis très heureuse avec Christophe, c'est vraiment l'homme de ma vie. Mes parents sont aussi très contents, nous les voyons souvent et je vois aussi Josette car nous sommes bonnes amies maintenant. Elle a perdu du poids et elle est maintenant très mince. Josette est vraiment superbe et elle a trouvé un copain qui l'adore! Et c'est pas tout, je suis enceinte et si on a une fille nous allons l'appeler Anaïs!

J'espère que l'histoire de ma vie vous a plu!

Révisions Chapitre sept

Répondez aux questions:

1 Qui est Michel? Il est le frère de Claudette Picard? Vrai ou faux?

2 Où est Jérôme? Il est chez Marie-Hélène? Vrai ou faux?

3 Jérôme est le fils de Josette, vrai ou faux?

4 Marie-Hélène adorait son papa, vrai ou faux?

5 Claudette avait eu une liaison avec le patron de sa fille, vrai ou faux?

6 Quand Claudette avait vu Michel, elle avait peur, vrai ou faux?

7 Claudette avait été un jeune fille, toute seule, à Paris, vrai ou faux?

8 Madame Picard pouvait perdre sa réputation, vrai ou faux?

9 Qui a dit à Claudette que Marie-Hélène était lesbienne?

10 L'histoire ça vous plait?

Love is in the air.

"What is the matter Claudette? Are you ill? asked Jérôme, worried. His wife had a strange expression on her face.

"What? No, I'm fine" replied Claudette distractedly.

"Have you seen Josette?"

"Yes, yes she is going to apologise to Marie-Hélène."

"So you got what you wanted then?"

Claudette did not respond. She did not want to think about the situation between Marie-Hélène and Josette now, because she had even bigger problems. Claudette was scared, she was in a position where she could lose, her husband, her daughter, her house, her reputation......and everyone would know about it. People would find out everything about her past and her little secret. Marie-Hélène would discover that her mother, the woman who had constantly criticized her, was a real hypocrite and an adulterer. How was she going to tell her daughter that Jérôme in fact is not her real father? It was obvious that she adored her dad and this revelation would destroy her.

'Marie is going to hate me' she thought with great sadness, 'et Jérôme will never forgive me.'

During the first six months of her marriage, Claudette had had an affair with Michel. Jérôme was working in Lyon and leaving Claudette in Paris. She did not see much of him during those days, and she was a young girl, all alone, in Paris, the most romantic place in the world. It had been very easy for Michel to seduce her. They had met in a small cafe and Michel, who had been a well known player, had seen the look of loneliness in her eyes, as well as the desire to be loved. One could say that he took advantage of her, because he had known that the young woman was vulnerable.

When Michel had left for Brussels, it had broken her heart. She was convinced that he was the love of her life, and that one day they would be together permanently. Michel didn't even bother to tell her he was leaving, she had heard the news from a mutual friend. It was not a big surprise when she discovered that she was pregnant. Claudette had wanted this baby more than anything. As she had continued to have sexual relations with her husband, during this period, she was able to keep the truth a secret - until now.

"Jérôme, I have something to tell you."

****

"I have already told you" said Marie-Hélène in frustration, "your Robert planned to meet me and completely lied about the whole thing!"

"You're lying" cried Josette angrily, "how can you say that?"

"How can I say that? Tell me Josette, why do you call me a liar, eh? What about you? Wasn't it you that told my mother that I was a lesbian?"

Josette went as red as a tomato. She was relieved when Claudette did not mention that.

"Is this why you are saying all of that about Robert...for revenge?"

"No, I have told the truth about Robert, come in, I've got something to show you."

****

"What's wrong Claudette? You look very serious" said Jérôme curiously.

Claudette took a hold of herself. "When we were first married, I met someone. We had an affair and-and

132

I think that Marie-Hélène is his daughter, I'm so sorry Jérôme." Then she burst into tears.

"It's alright Claudette, it's okay, everything is going to be fine" said Jérôme serenely. "I know about your affair, I have always known about it. I also know that you feel guilty. I forgive you Claudette, you were alone and it was very difficult for you."

"But Jérôme" she exclaimed shocked, "didn't you hear me? I told you that Marie-Hélène could be his daughter."

"Claudette" he replied firmly, "Michel Banet, yes darling, I know him, is not Marie-Hélène's father. I am her father and I have the proof.

"What? What are you saying? You knew but you stayed with me anyway?"

"When Marie-Hélène was born, I knew straight away that she was mine, but to make sure I arranged a paternity test, without your knowledge. The result was in my favour one hundred percent! Michel Banet is at the Louvre hotel, yes my love, I know he has come back, and you can send him the proof of my paternity if you like!"

Claudette looked at her husband with enormous gratitude. She knew that everything was going to be ok, and that he would never say anything to Marie-Hélène. She loved him so much.

"Thank you Jérôme, I will do that."

During this time at Marie-Hélène's place, Josette was in shock. Marie-Hélène had given her the card that she had received with the flowers from Robert.

"Do you believe me now Josette, or do you think that I wrote it myself?"

"I believe you, I can see that it is his writing" said Josette mournfully. Then she left the house.

It was seven o'clock when Christophe Beaufort knocked on Marie-Hélène Picard's door. He looked as handsome as ever and he kissed her passionately, and told her that she looked beautiful and elegant. The touch of his lips made her feel so excited, and the world seemed like a very different place. It goes without saying that Marie-Hélène had at last found what she had been looking for.

Josette arrived at home and now she was really angry. She was ready to confront Robert, she had been stupid, blind. She now realised that she knew that he didn't love her, but she was scared of being alone. But that was not going to change her decision to throw him out!

"Marie-Hélène has told me everything, I want you out!" she said angrily.

"What are you talking about?" said Robert, "What has she been saying to you? Don't listen to that woman, can't you see that she is jealous of you?"

"Jealous of me? Why Robert? Is it because I am slim and beautiful eh? Out before I kill you!" cried Josette and she threw a cup at his head. Robert was really scared. He had never seen her like that. He could see the hate in her eyes and he got out of the house. Josette through his clothes through the window, and decided to start a new life.

****

"Hi! It's Marie-Hélène Beaufort here. Two years have passed and I am very happy with Christophe, he really is the love of my life! My parents are very happy, we see them often, and I also see Josette because we are good friends now. She has lost weight and she is now very slim. Josette is really great and she has found a man who adores her! And that's not all, I am pregnant and if we have a girl we are going to call her Anais!

I hope that you enjoyed the story of my life!

Answers to exercises

Chapter 1

1 It's not what you think
2 Well what's going on here?
3 Really? Where are your friends then?
4 And everyone was looking at them
5 A waiter approached them with caution
6 You must tell the truth
7 There was a long silence
8 He stood next to Josette
9 With a triumphant expression
10 Jean, her last boyfriend, was also in the restaurant

1 Tu ne penses pas que tu devrais me présenter des excuses?
2 C' était humilant et si publique!
3 Et Robert l' amour de ta vie ici..
4 Où est ta fierté?
5 Tu crois que tu es la plus belle femme du monde
6 Après avoir payé pour son vin
7 Elle fit semblant de ne rien entendre
8 On va se coucher maintenant?
9 Tu montes Josette, je n' en ai pas pour longtemps
10 Une nuit de foli avec l'homme de ses rêves

Chapter 2

1 About to drink a cup of coffee
2 Marie-Hélène couldn't sleep
3 But suddenly she remembered Jean's face
4 His star sign was Gemini
5 You have been in a difficult situation recently
6 Give me good news
7 She read it every morning
8 It was there at the door
9 However she tried to change the subject
10 Josette Bonnier is a big liar
11 After the awful night in the restaurant
12 For obvious reasons
13 Hoping that her mother would lose interest
14 Yes I was right
15 Where are you going on holiday this year?

Chapter 3

1 Claudette profitait toujours de l' occasion pour la critiquer
2 Cette femme ne peut pas être ma mère
3 Et les portait pour la première fois
4 Sa vie allait changer pour le mieux
5 Elle y était déjà allée avec ses parents
6 Une bouffée d' air frais était juste ce dont elle avait besoin
7 Elle ne voulait pas passer son temps à se morfondre
8 Pour admirer la vue
9 La destination de son choix
10 Claudette n' était pas dans le camp de Josette cette fois
11 Ma voiture est juste là-bas
12 Les chiens doivent être tenus en laisse
13 C' est le moins que je puisse faire
14 Regardez mes vêtements, ils sont fichus!
15 Il doit bien vous aimer

Chapter 4

1 Faux
2 Faux
3 Faux
4 Faux
5 Faux
6 Faux
7 Faux
8 Faux
9 Faux
10 Vrai
11 Faux
12 Faux

Chapter 5

1 Trois
2 Quatre
3 Vieille
4 Portait
5 l' avait
6 Pourrait

1-5
2-3
3-1
4-6
5-2
6-4

Chapter 6
1 His chauffeur
2 His life
3 For pushing Marie-Hélène in the lake
4 Marie-Hélène's
5Brussels
6 If Marie-Hélène was his daughter
7 In magazines
8 He asked for Marie-Hélène
9 The office
10 Her boss

Chapter 7

1 Faux
2 Faux
3 Faux
4 Vrai
5 Faux
6 Vrai
7 Vrai
8 Vrai
9 Josette

Le Mariage de Marie-Hélène.

Veux-tu m' épouser?

Je suis si heureuse, j'ai rencontré mon prince, l'amour de ma vie, l'homme de mes rêves et il m'adore. Tout le monde croyait que je serais célibataire pour toujours. Quand je dis tout le monde, je veux dire ma mère et une fille que je connais qui s'appelle Josette. Elles ne trouvaient pas la moindre chose à dire en ma faveur, c'était affreux! D'après elles j'étais un échec complet. Vous voyez, ma maman voulait le genre de fille dont elle pourrait être fière. Avant que je rencontre Christophe, elle me disait toujours qu'à mon âge je devrais être mariée, avec deux enfants et c'était très embarrassant pour une femme comme elle d'admettre que sa fille ne puisse pas trouver un homme. Vous pouvez donc imaginer comment elle a réagit quand Josette, chère Josette, lui a dit que je n'aimais pas les hommes!

Et pour aggraver un peu plus la situation entre Josette et moi, son petit-ami, Robert, m'a dit que lui m'adorait juste comme j étais! C'était un tel choc, je ne pouvais pas y croire, je pensais vivre un vrai cauchemar. Nous étions au restaurant, il y avait plein de monde, dont Jean, quelqu'un de mon passé que je méprise et que je ne m'attendais pas à voir. De toute façon, Je lui ai dit qu'une liaison avec lui était hors de question. A ce moment là Josette est arrivée. Elle voulait me tuer, je pouvais le voir dans ses yeux. Bien sûr Robert me blâma pour tout et dit que je lui avais fait la cour. Josette le crut, elle pourrait gagner un prix pour la crédulité, croyez-moi.

Malheureusement, je n'ai pas pu la convaincre qu'il mentait et ai du la laisser m'insulter, me disant que j'allais rester seule pour toujours. C'était humiliant, j'essaye avec mal d'oublier ce qui s'est passé mais c'est difficile. Josette aurait dû savoir que je n'aurais rien fait qui pût la blesser, surtout pas avec Robert, non merci il n'est pas mon type, bien trop vulgaire pour moi. Il n'arrive pas à la cheville de mon Christophe.

Je pense que Josette sait la vérité à présent mais elle ne m'a toujours pas présenté d'excuses. C'est typique chez elle, elle n'admettrait pas qu'elle ait fait une grosse erreur. Je l'ai vu une fois depuis cette horrible soirée et j'ai entendu dire qu'ils avaient rompu. Elle est bien mieux sans Robert et j'espère qu'elle s'en rend compte.

De toute façon, comme je l'ai déjà dit, j'ai rencontré l'amour de ma vie. Nous sommes ensemble depuis six mois maintenant et j'ai de bonnes nouvelles. Hier soir, quand nous étions au lit, après que nous ayons fait l'amour passionnément, Christophe m'a demandé de l'épouser. C'était si romantique, il m'a prise dans ses bras en me disant qu'il voulait me poser une question. J'étais curieuse parce qu'il avait l'air très sérieux et je dois dire un petit peu nerveux. Il me regardait dans les yeux et était en train de me parler quand le téléphone sonna.

C'était maman, qui pour une fois était de bonne humeur. Elle voulait nous inviter à venir déjeuner chez mes parents dimanche prochain. J' acceptai l'invitation en sachant que ça ne dérangeait pas Christophe de m'accompagner. Ma mère l'adore, elle ne peut pas croire que j'ai trouvé un homme si beau, riche et avec des telles manières. C'est vraiment embarrassant pour moi quand elle dit sans réfléchir: « Christophe, Marie-Hélène est vraiment chanceuse d' avoir un petit ami comme toi. Elle a été seule pendant longtemps. Tu sais, je commençais à croire qu'elle n'était pas normale. Dis-moi tout va bien dans la chambre avec elle? Pardon je ne devrais pas demander çà mais d' après la rumeur... »

Josette a bien des comptes à rendre non? Christophe sait tout. Je lui ai parlé de Josette et ses mensonges et de Robert et son amour à sens unique. Il était très amusé par l'histoire comme vous pouvez imaginer et pas du tout mal à l'aise quand ma mère lui posait des questions personnelles, cela même lors de leur première rencontre.

Alors où en étais-je? Ah oui, après une conversation courte avec maman j'ai accordé toute mon attention à mon homme, au lit à côté de moi. En regardant mon visage, il m'a dit: « Marie-Hélène, nous sommes ensemble depuis six mois et je suis si content. Tu es si belle et drôle, tu es toute ce dont j'ai toujours rêvé et ce que j'ai toujours voulu trouver. J'étais désespéré de rencontrer quelqu'un comme toi. Tu es si différente des filles que j'ai connu avant. Marie, c'est pourquoi je veux que tu sois ma femme. Je t'aime, je t'aime tellement. »

Je suis restée muette durant un moment. J'étais en état de choc! J'étais tombée amoureuse de Christophe, c'est vrai, mais je n'osais pas espérer que les sentiments fussent mutuels. Christophe rompit le silence en disant: « Et bien, dis quelque chose chérie, j'attends». Je lui fis un grand sourire lui cria: « oui ».

Attendez, ce n'est pas tout. Christophe me dit de fermer les yeux. Après trente secondes il me demanda de les ouvrir. « Voilà », dit il triomphant. Il était si heureux. Il me donna une petite boîte. Elle était rouge

142

et belle et je savais ce quelle contenait. Je tremblais à l'ouverture et fûts si ravie en voyant cette bague en diamant. Christophe me la mise au doigt. Il avait l'air si fier et pour la première fois de ma vie, je me sentais tellement spéciale.

Je voulais sortir, quitter la maison, courir dans la rue pour pouvoir montrer à tout le monde ma bague en diamant! Je voulais crier ma bonne fortune et dire à tous ceux que je connaissais que j'allais être mariée à un beau jeune homme qui m'adorait! Christophe éclata de rire, il me dit que nous annoncerions la nouvelle à nos amies et familles plus tard, qu'il y avait beaucoup de temps pour ça! Mon fiancé avait d'autres idées en tête. Il m'embrassa tendrement et mon cœur battit de joie. Je frissonnais de plaisir, dans l'attente qu'il caresse mon corps nu de ses mains chaudes. Pendant l'heure qui suivit, l'envie forte de courir dehors me quitta et laissa place au désir et à l'amour.

À vous maintenant!

Translate the following phrases into English.

1 J'ai rencontré mon prince, l'amour de ma vie.
2 Et pour aggraver un peu plus la situation entre moi et Josette.
3 Nous étions au restaurant, il y avait plein de monde.
4 Elle voulait me tuer.
5 Elle me disait toujours qu'à mon âge je devrais être mariée.
6 Je commençais à croire qu'elle n'était pas normale.
7 C'est vraiment embarrassant pour moi.
8 Il m'a pris dans ses bras.
9 Tu es si belle.
10 Attendez! Ce n'est pas tout.

Will you marry me?

I am so happy, I have met my prince, the love of
my life, the man of my dreams and I adore him.
Everyone thought that I would be single forever. When
I say everyone, I really mean my mother and a girl who
I know called Josette. They never had a good word to
say about me, it was awful! According to them I was a
complete failure. You see my mother wanted the sort
of daughter who she could be proud of. Before
Christophe, she always said that at my age I should be
married, with two children, and it was very
embarrassing for a woman like her to admit that her
daughter couldn't find a man.

You can imagine how she reacted when Josette,
dear Josette told her that I didn't like men! And to
make the situation between me and Josette worse, her
boyfriend, Robert told me that he loved me, just like
that, it was such a shock! I couldn't believe it, I mean it
was a nightmare! We were in a restaurant, full of
people including Jean my ex who I despise and didn't
want to see. Anyway I told him that a relationship with
him was out of the question. At that moment Josette
turned up. She wanted to kill me, I could see it in her
eyes.

Of course Robert blamed me for everything, saying
that I had been chasing him. Josette believed him, she
could win a prize for gullibility, believe me!
Unfortunately, I was not able to convince her that he
was lying, and she insulted me, saying that I would be

alone forever. It was so humiliating, I am trying to forget what had happened, but it's difficult. Josette should have known that I would never do anything to hurt her, especially not with Robert, no thank you he's not my type, far too vulgar for me.

He is no match for my Christophe. I think that Josette knows the truth now, but she has not apologised to me. That's so typical of her, she wouldn't admit that she had made a mistake. I have seen her once since that horrible night, and I've heard that they have split up. She is better off without him, and I hope that she realises that.

Anyway, as I said before I've met the love of my life. We've been together for six months now, and I have some good news. Last night, when we were in bed, after we had made passionate love, Christophe asked me to marry him! It was so romantic, he had taken me in his arms, saying that he wanted to ask me a question. I was curious because he seemed very serious and, I must say a little nervous. He looked into my eyes and was about to speak when the telephone rang.

 It was mum, who was in a good mood for once. She wanted to invite us to come for lunch next Sunday. I accepted the invitation, knowing that Christophe would be happy to come with me. My mother adores him, she can't believe that I have found a guy who is good looking, well mannered and rich. It is very embarrassing for me when she says things like 'Christophe, Marie-Hélène is very lucky to have a boyfriend like you. She has been alone for a long time. You know, I was starting to think that she wasn't normal. Tell me, is everything okay in the bedroom with her? Sorry, I know I shouldn't ask, but after the rumour...'

Josette has a lot to answer for doesn't she? Christophe knows everything. I told him about Josette,

146

her lies and Robert's unrequited love. He was very amused by the story, as you can imagine, and not at all uncomfortable when my mother asked him personal questions, during their first meeting.

Right where was I? Ah yes, after a short conversation with mum, I gave all my attention to my man, in bed next to me. While looking at my face he told me 'Marie Hélène we have been together for six months and I am so happy. You are so beautiful and funny, you're everything that I've dreamed about and all that I've been looking for. I was desperate to meet someone like you. You are different from the girls that I've known before. Marie that's why I want you to be my wife, I love you, I love you so much.'

I was mute for a moment, I was in a state of shock! I had fallen in love with Christophe, that's true, but I didn't dare to hope that the feelings were mutual. Christophe broke the silence by saying 'well, say something my love, I'm waiting.' I gave him a big smile and cried 'yes.' Wait, that's not all. Christophe then told me to close my eyes. After thirty seconds he asked me to open them. 'Voilà' he said triumphantly, he was so happy. He gave me a little box, that was red and beautiful, and I knew what was in it. I was trembling when I opened it, and delighted when I saw that it was a diamond ring. Christophe put it on my finger. He was so proud, and for the first time in my life I felt really special.

I wanted to go out, leave the house and run into the street, to show everyone my diamond ring. I wanted to shout about my good fortune, and tell everyone that I knew, that I was going to marry a beautiful young man, who loved me. Christophe roared with laughter. He told me that I could announce the news to our friends and families later, there was plenty of time for that! My fiancé had other ideas in his head. He kissed me

147

tenderly and my heart was beating with joy. I shivered with pleasure as he caressed my naked body with his warm hands. During the following hour my urge to leave the house and run outside left me, it was replaced with the desire to make love.

Si je me souviens bien

Après tout, ça allait bien pour moi. Je savais que cette nouvelle allait rendre mes parents très heureux. Il était difficile de croire que c'était un chien, un labrador qui était responsable de tous ces grands changements dans ma vie, mais c'était vrai! Dieu bénisse Ambroise, le chien de Christophe, que je pourrais embrasser!

Lorsque Ambroise m'avait poussé dans le lac, au Jardin des Tuileries, j'étais très fâchée et humiliée, surtout après ce qui s'était passé la veille au soir au restaurant avec Josette et Robert. Christophe me dit que c'était de l'espièglerie et qu'il m'aimait bien. C'était sa réponse à ma réprimande et je pouvais voir que ça l'amusait assez.

Je peux rire de la situation maintenant et je pourrai dire nos enfants que c'était Ambroise qui jouait les Cupidons pour leur père et moi. Quel bon chien. Il est beaucoup plus efficace que les agences de rencontre! Pour être honnête, je n'aimais pas trop les chiens, après mettre fait attaquer par celui d'un voisin étant plus jeune. Il m'avait pourchassée dans la rue, avec un regard de détermination dans les yeux. Je ne l'oublierai jamais. J'étais terrifiée par ce chien, qui je vous le dis, dans mes souvenirs était de la taille d'un éléphant! Croyez-moi je n'exagère pas.

Personne n'est venu à mon aide, pas une seule personne alors que je n' étais qu'une petite fille de sept ans. Après l'attaque, j' étais rentrée, en pleurs. La morsure à ma jambe me faisait mal. Ma mère était dans la cuisine, préparant le déjeuner. Elle me demanda ce qui s' était passé. Je le lui dis en pensant qu'elle serait compatissante mais non, pas du tout, en fait elle me dit que j'avais dû le provoquer!

Je ne pouvais pas aller vers mon père car il travaillait à Lyon et n'était pratiquement jamais chez nous. Ah les souvenirs d'enfance, toujours les pires! En l'absence de papa, maman sortait beaucoup, tous les soirs autant que je me souvienne. Je ne peux pas en être sure mais je pense qu'elle voyait quelqu'un autre. Oui je veux dire un autre homme. Vous voyez ma mère aimait faire semblant d'être une sainte, mais elle ne pouvait pas me duper. Elle me laisserait avec Adèle, la nourrice et elle ne rentrerait pas avant une heure matinale.

J'ai toujours su qu'elle était au lit avec quelqu'un. C'était 'évident pour moi. J' étais une jeune enfant mais je n'étais pas stupide. Dans ces moments là, je laisserais la porte de ma chambre entrouverte et la verrais. Ses vêtements seraient toujours en désordre et je savais que son rouge à lèvres aurait disparu suite aux baisers d'un autre homme. Je fis une grosse erreur quand je lui dis, sans penser aux conséquences, que papa ne serait pas très heureux d'apprendre qu'elle avait un petit ami.

Elle devint folle furieuse. Je pensais qu'elle allait me frapper! Je n' ai plus rien dit après ça, je n'osais pas, mais ça va sans dire que les relations entre ma mère et moi ont toujours été tendues.

Je ne pense pas que papa ait eu la moindre idée de l'infidélité de maman. Il l'adorait et il aurait été foudroyé en l'apprenant car il pensait que maman lui

150

était entièrement dévouée. À vrai dire, je crois qu'il avait raison car ces deniers temps ils paraissent si heureux.

Ils vont au théâtre et partent en vacances. Ils font beaucoup de choses ensemble maintenant. Je ne sais pas ce qui s'est passé mais quelque chose a changé parce qu'ils agissent comme un jeune couple qui tombe amoureux pour la première fois.

C'était vraiment embarrassant pour moi quand la semaine dernière, je suis passée leur dire bonjour. Ils étaient dans la chambre. Vous savez ce que je veux dire, ils étaient au lit. Il était trois heures de l'après-midi! Mes parents avaient des rapports sexuels durant l'après-midi! Je ne les voyais pas Dieu merci, mais je les entendais et ils savaient que j'étais là car ils arrêtaient ce qu'ils étaient en train de faire quand ils m'entendaient en bas, et faisaient semblant de ne pas être à la maison.

Dans ces moments là, Je quittais la maison d'un pas vif et j'ajoutais cette expérience à la liste de choses que j'essayais désespérément d'oublier.

J'ai rencontré les parents de Christophe. Ils sont très gentils et très riches. Sa mère est très élégante. Il est évident qu'elle a des goûts de luxe parce qu'elle est toujours habillée dans des vêtements de styliste. Et pourquoi pas? Elle a les moyens d'acheter tout ce qu'elle veut. Son père est très beau. Christophe lui ressemble beaucoup. Il est facile de voir qu'ils sont père et fils.

Je suis allée chez les Beaufort avec Christophe. Il voulait que je rencontre ses parents immédiatement pour qu'ils puissent penser tout comme lui qu'il avait la chance d'avoir gagné le cœur de la plus belle fille au monde. J'étais assez nerveuse au premier abord car j'avais peur que ses parents ne me comparent aux petites amies précédentes de leur fils. Il était sorti avec un mannequin avant moi, ce qui me faisait me sentir un petit peu mal dans ma peau. Christophe m'a assuré que je m'inquiétais pour rien et je me plaisais à me dire qu'il avait raison!

Ses parents m' ont traité comme une princesse et m'ont réservé un très bon accueil. Quand nous fumes seuls, Christophe me dit qu'ils m'aimaient bien et me trouvaient très jolie.

Nous allions annoncer à mes parents notre mariage imminent quand nous irions les voir le weekend suivant. Je voulais dire tout de suite à Anaïs et aux autres filles de mon travail mais si ma mère apprenait que je leur avais dit avant elle, çà lui aurait fait trop de peine.

Anaïs est une très bonne amie. Je pense que je vais lui demander d'être ma demoiselle d'honneur. Elle sera parfaite, elle est jeune, mince, jolie et je l'adore! Je ne vais tout de même pas demander à Josette! Je ne lui demanderais même pas si elle était la dernière femme sur terre! Remarquez, ça me ferait grand plaisir de voir la tête qu'elle ferait en apprenant que je porte une bague en diamant. Surtout vu qu'elle disait que j'allais rester seule pour toujours. Apparemment Josette avait tort!

À vous maintenant!

<u>Translate the following phrases into French.</u>

1 I knew that this news was going to make my parents very happy.
2 God bless Ambroise.
3 I can laugh at the situation now.
4 I was really angry and humiliated.
5 My mother was in the kitchen preparing lunch.
6 I must have provoked him!
7 I made a big mistake when I told her without thinking of the consequences.
8 It was three o'clock in the afternoon!
9 She is young, slim pretty and I adore her.
10 Apparently Josette was wrong!

If my memory serves me right

It's all going well for me after all. I know that this news is going to make my parents very happy. It's hard to believe that a dog, a labrador is responsible for all the changes in my life, but it's true. God bless Ambroise, Christophe's dog, I could kiss him! When Ambroise had pushed me in the lake at the Tuileries gardens, I was angry and humiliated, especially after what happened during the night before, in the restaurant with Josette and Robert. Christophe told me that he was just being playful, and that he liked me. That was his response to my reprimand, and I could see that he found it quite amusing.

I can laugh at the situation now, and I will be able to tell our kids that it was Ambroise who played Cupid for their father and me. What a good dog. He is more effective than the dating agencies!

To be honest I don't like dogs very much, after being attacked by a neighbour's dog when I was younger. It had pursued me in the street, with a look of determination in its eyes. I'll never forget it. I was terrified of that dog, it was as big as an elephant if my memory serves me correctly. Believe me, I'm not exaggerating.

No one came to help me, not one person and I was only seven years old. After the attack I went home in tears. The bite on my leg really hurt. My mother was in the kitchen, preparing lunch. She asked me what happened. I told her, thinking that she would be sympathetic but no! Not at all, in fact she said that I must have provoked it!

I wasn't able to go to my father because he was working in Lyon, and was practically never at home. Ah childhood memories, always the worst! While dad was away mum went out a lot, every night as far as I can remember. I can't be sure but I think that she was seeing someone else. Yes I mean another man. You see my mother likes to make out that she is a saint, but she doesn't fool me. She would leave me with Adele, the babysitter and she wouldn't come back until the early hours of the morning. I always knew that she had been to bed with someone. It was obvious to me. I may have been a young child but I wasn't stupid.

During that time I would leave my bedroom door slightly open and I would see her. Her clothes were always messed up and I knew that her lipstick had disappeared because of kisses from another man. I made a big mistake when I said to her, without thing of the consequences, that dad would not be happy if he knew that she had a boyfriend. She hit the roof! I thought that she was going to hit me! I didn't say anything more after that, I didn't dare! But it goes without saying that relations between my mother and I have always been fraught.

I don't think that dad knows anything about my mum's infidelity. He loved her and he would have been devastated, because he thinks that mum is devoted to him. Truthfully, I think that he is right, because they have been so happy lately. They go to the theatre and on holiday, they do lots of things together now. I don't know what's happened, but something has changed because they are behaving like a young couple who have fallen in love for the first time.

It was very embarrassing for me when last week, I went to see them to say hi. They were in the bedroom. You know what I mean, they were in bed. My parents were having sex during the afternoon! I didn't see them

155

thank God, but I heard them, and they knew that I was there, because they stopped what they were about to do, when they heard me downstairs, and they pretended that they were not at home. I got out of there right then, quickly, and added the experience to the list of things that I was desperately trying to forget.

I have met Christophe's parents. They are very nice and very rich. His mother is very elegant. It obvious that she has expensive tastes because she always dresses in designer clothes. And why not? She can afford anything that she wants. His father is really handsome. Christophe looks a lot like him, it is easy to see that they are father and son.

I went to their house with Christophe. He wanted me to meet his parents immediately, so that they could see that he had won the heart of the most beautiful girl in the world. I was quite nervous at first because I thought his parents would compare me with his ex girlfriends. He used to go out with a model before me, and that made me feel a little bit insecure. Christophe assured me that I would have nothing to worry about, and I'm pleased to say that he was right. His parents treated me like a princess and made me feel really welcome.

Later, when we were alone, Christophe told me that they liked me and thought that I was really pretty. We are going to tell my parents about our marriage plans, when we see them at the weekend. I want to tell Anais and the other girls at work, straight away, but if my mother found out that I told them before her, there would be trouble!

Anais is a very good friend. I think that I'm going to ask her to be my bridesmaid. She will be perfect, she is young, slim, pretty and I adore her! I can hardly ask Josette! I wouldn't ask her if she was the last woman on earth! Mind you, it would give me great pleasure to see her face, when she finds out that I'm wearing a diamond engagement ring. Especially as she said that I would end up alone. Apparently Josette was wrong!

Josette

C'est lundi matin, après le week-end très
romantique passé avec mon fiancé, je suis au travail. Je
ne porte pas ma bague de fiançailles, parce qu'Anaïs et
les autres filles commenceraient à se poser des
questions et comme je l'ai dit un peu plus tôt, j'ai besoin
de garder la demande en mariage de Christophe secrète,
par égard pour maman. Donc, la preuve de son amour
reste dans mon sac car je la veux avec moi ici et
partout où je vais.

Il y a beaucoup à faire ici aujourd'hui. Ce matin,
nous avons eu une livraison de vêtements de styliste
provenant de Milan. C'est une belle collection. En fait
je pense que je vais même m' acheter une nouvelle robe
que je peux avoir au rabais. C'est l'un des avantages de
mon boulot. J'ai déjà vu une petite robe bleue venant de
cette collection. Elle est en soie et sans manches, très
jolie et élégante; une robe parfaite pour annoncer les
fiançailles à nos parents. Je peux entendre les filles
parler de la collection depuis mon bureau, elles
paraissent impressionnées. Oh voilà Anaïs!

-Tout va bien Anaïs?

- Oui ça va Marie-Hélène, la collection est super, il
y a beaucoup de choses que j'aime bien.

-Moi aussi, j'ai déjà choisi quelque chose: c'est la
robe bleue en soie, qu'est ce que tu en penses? Tu l'as
vue ?

-Oui, elle est très classe, je la mettrai de côté pour toi si tu veux l'essayer plus tard. Marie il y a quelqu'un ici qui désire te voir.

-Vraiment? C'est une cliente?

-Euh non, ce n'est pas exactement une cliente. C'est quelqu'un qui tu connais. Marie, c'est Josette.

-Quoi? Vraiment? Qu'est ce qu'elle fait ici?

-Je ne sais pas, elle devrait se cacher, après tout ce qu'elle t'a fait. Je peux lui dire de s'en aller si tu veux, je le ferai avec plaisir!

-Non, ça va Anais merci, je la verrai ci, je suis curieuse de savoir ce qu'elle veut, j'espère qu'elle va me faire des excuses.

Dix secondes plus tard, Josette, mon ennemie et ma persécutrice, est debout en face de moi. Elle a l'air très différente. Il est évident qu'elle a perdu beaucoup de poids pendant les six derniers mois. Je dois admettre qu'elle a l'air bien, très bien. Elle est difficilement reconnaissable sans les bourrelets de graisse autour de la taille. Son visage est plus mince aussi, et plus joli qu'avant. C'est un grand changement, elle a l'air d'une fille en forme. Pourquoi? Pourquoi maintenant? Pourquoi est ce qu'elle devait apparaître, après tout que ce qui s'est passé entre nous, avant que je puisse porter ma bague de fiançailles hein? C'est pas juste!

-Bonjour Marie-Hélène, ça fait longtemps qu'on s'est pas vues, comment ça va?

-Qu'est ce tu veux Josette? Qu'est ce que tu fais ici? Est ce que tu imagines que j'ai tout oublié hein? Ben tu sais quoi? Je me souviens de tout et j'ai été profondément marquée par tes accusations.

-Marie s'il te plaît, je sais que j'étais un petit peu...

-Un petit peu quoi Josette? Jalouse, méchante?

-Mais Marie, si j'ai bonne mémoire, je suis venue chez toi pour avoir une explication et je pouvais voir à l'expression de ton visage que tu disais la vérité concernant Robert. J'ai toujours sût intérieurement qu'il voulait être avec toi. Il parlait de toi dans son sommeil et il était toujours distant avec moi. Il ne me regarderait ni ne me touchait. Il m'a fait me sentir si moche et bonne à rien mais je ne voulais pas admettre qu'il te préférait à cause de ma fierté stupide, tu comprends... Dis-moi Marie, si tu étais à ma place, je veux dire, si ton petit ami avait voulu te quitter pour quelqu'un d'autre, peux-tu vraiment me dire que tu aurais réagi différemment?

Je fus incapable de parler pendant un long moment. Ses paroles étaient surprenantes et je pouvais voir que çà venait du cœur.

-Josette, je sais que çà a dû être très difficile pour toi. Robert est exécrable et il ne changera jamais.

-Je le sais et j'ai rompu avec lui. Je ne pouvais plus rien manger. Après qu'il soit parti, je me sentais si seule et je pouvais pas cesser de pleurer. Je sais ce que tu pense Marie-Hélène, tu crois que j'ai dû être stupide et désespérée pour perdre mon temps à pleurer, mais j'ai eu le cœur brisé. Tu vois je croyais vraiment que Robert était l'amour de ma vie et je pensais qu'un jour il ressentirait la même chose pour moi. Je sais qu'il n'est pas ce qu'on appellerait 'beau' mais j'avais des kilos en trop et pour moi mes choix étaient limités.

-Mais regarde toi Josette! Tu as l'air fantastique, je peux à peine te reconnaître.

-Vraiment? Oh merci Marie c'est très gentil à toi à dire ça. J'ai perdu du poids assez facilement et je ne mange plus ni de bonbons ni de gâteaux.

-Et Robert, tu l'as vu depuis la rupture?

-Oui, je l'ai vu, il était en ville, tout seul, la semaine dernière.

-Qu'est ce qu'il a dit? Il t'a parlé?

160

-Non, pas du tout, il avait l'air choqué quand il m'a vu parce que j'étais bras-dessus bras- dessous avec mon nouveau petit ami.

-Tu as un nouveau petit ami? Oh c'est bien, c'est qui? Je le connais?

-Non, du moins je ne pense pas, il est originaire de Cannes mais il a été muté à Paris pour son travail. Il est photographe.

-Josette tu as un petit ami qui a un boulot, félicitations!

-En plus il me respecte! Philippe est très différent de Robert. Et toi Marie-Hélène? Qu'est ce qui se passe dans ta vie? Tu es encore célibataire? À mon avis les hommes doivent se battre pour une jolie fille comme toi!

Je dois lui dire pour Christophe et sa demande en mariage, je dois. Je ne peux pas la laisser s'en aller en lui laissant penser que ma vie n'a pas du tout changé. Je sais que je pourrais dire que Christophe est mon petit ami depuis six mois et rien d' autre mais çà ne suffit pas. J'espère qu'elle ne verra pas ma mère avant dimanche.

-J'ai de bonnes nouvelles Josette mais c'est un secret donc si tu vois maman avant ce weekend ne lui dis rien d'accord?

Je sorti la bague en diamant de mon sac avec triomphe et l'ai mise à mon doigt.

À vous maintenant!

<u>Translate the following phrases into English.</u>

1 Je ne porte pas ma bague de fiançailles.
2 La preuve de son amour reste dans mon sac.
3 Il y a beaucoup à faire ici aujourd'hui.
4 C'est l'un des avantages de mon boulot.
5 Oui ça va Marie-Hélène, la collection est super.
6 Dix secondes plus tard.
7 Son visage est plus mince aussi, et plus joli qu'avant.
8 C'est pas juste!
9 Ben tu sais quoi?
10 Il m'a fait me sentir si moche et bonne à rien.

Josette

It's Monday morning, and after a very romantic weekend with my fiancé, I am at work. I'm not wearing my engagement ring, because Anais and the other girls will start asking questions, and as I said before, I need to keep it a secret, for mum's sake. So the proof of his love is in my bag, because I want it here with me, and everywhere I go.

There is a lot to do today. We've had a delivery of designer clothes from Milan this morning. It's a beautiful collection. In fact, I think that I'm going to buy myself a new dress, I can get it at a discount. It is one of the advantages of my job. I have already seen a little blue dress from that collection. It is silk and sleeveless, very pretty and elegant, a perfect dress for announcing the engagement to our parents. I can hear the girls talking about the collection from my office, they seem impressed. Oh here's Anais!

-Is everything ok Anais?

-Yes Marie-Hélène, the collection is great, there's loads of things that I like.

-Me too, I've already chosen something, it's that blue silk dress. What do you think of it? Have you seen it?

-Yes, it's very classy, I'll put it aside for you to try on later. Marie there's someone here who wants to see you.

163

-Really? Is it a customer?

-Uh no, it's not exactly a customer. It's someone that you know. Marie it's Josette.

-What? Really? What's she doing here?

-I don't know, she ought to be hiding after what she did. I can tell her to go if you like, I'll do it with pleasure.

-No, it's ok Anais, thank you, I'll see her, I'm curious to know what she wants, I hope that she's going to apologise.

Ten seconds later, Josette, my enemy and my persecutor is standing opposite to me. She looks very different. It's obvious that she's lost loads of weight, during the last six months. I must admit she looks well, very well. She is hard to recognise without the rolls of fat around her stomach. Her face is slimmer too, and prettier than before. She looks like a girl in good shape. Why? Why now? Why did she have to appear, after all that has happened between us, before I can wear my engagement ring uh? It's not fair!

-Hello Marie-Hélène, long time no see, how are you?

-What do you want Josette? What are you doing here? You don't think that I've forgotten everything do you? Well you know what? I remember everything, I've still got the scars from the things that you said to me.

-Marie, please, I know that I was a little bit..

-A little bit what Josette? Jealous? Malicious?

-But Marie, as I remember I came to your house for an explanation, and I could tell by your face that you were telling the truth about Robert. I've always known inside, that he wanted to be with you. He talked about you in his sleep, and he was always distant with me. He wouldn't look at me or touch me. He made me feel so ugly, so good for nothing, and I didn't want to

164

admit that he preferred you, because of my stupid pride, you understand...Tell me Marie, if you had been in my place, I mean if your boyfriend had wanted to leave you for someone else, can you really say that you would have reacted differently?

I'm tongue tied. She sounds sincere I can see that she's speaking from the heart.

-Josette, I know that it's been very difficult for you. Robert is no good and he'll never change.

-I know that and I've broken up with him. I couldn't eat anything. After he'd gone I felt so alone and I couldn't stop crying. I know what you think Marie-Hélène, you think that I'm stupid and desperate for wasting my time crying, but I had my heart broken. You see I believed that Robert was the love of my life and I thought that one day he would feel the same way about me. I know that he's not what one would call good looking, but I was overweight and my choices were limited.

-But look at you now Josette! You look fantastic, I can hardly recognise you.

-Really? Oh thank you Marie, it's really nice of you to say that. I lost weight quite easily and I don't eat sweets and cakes anymore.

-What about Robert? Have you seen him since you broke up?

-Yes, I've seen him, he was in town, all alone last week.

-What did he say? Did he speak to you?

-No, not at all, he looked shocked when he saw me because I was arm in arm with my new boyfriend.

-You've got a new boyfriend? Oh that's good, who is he? Do I know him?

-No, at least I don't think so, he's originally from Cannes, but he moved to Paris for work, he's a photographer.

-Josette you've got a boyfriend, who has a job, congratulations!

-And he respects me! Philipe is very different from Robert. What about you Marie? What's been happening in your life? Are you still single? Men should be fighting over a pretty girl like you, in my opinion.

I must tell her about Christophe and his proposal, I must. I can't let her go, thinking that nothing in my life has changed. I know that I could say that Christophe is my boyfriend of six months, and nothing else, but that's not enough. I hope that she won't see my mother before Sunday.

-I've got some good news Josette, but it's a secret, so if you see mum before the weekend, don't say anything to her ok?

I took the diamond engagement ring out of my bag triumphantly, and placed it on my finger.

Ne dit pas ma mère

Je pouvais voir à son visage qu'elle était étonnée. Elle regardait le diamant avec incrédulité.

-Alors, dis quelque chose Josette.

-M-M-Marie tu es fiancée?

-Oui c'est ça

-Je ne peux pas le croire, félicitations. Qui est-il, ton fiancé?

-Il s'appelle Christophe Beaufort et il est...

-Christophe Beaufort? Non, tu veux dire Le Christophe Beaufort de la famille Beaufort?

-Oui c'est lui, nous sommes ensemble depuis six mois. Ma bague est adorable non?

-Oui elle l'est mais où as tu rencontré quelqu'un comme ça? Il est très beau et très riche. J'ai vu ses photos dans les magazines. Son père est le propriétaire de beaucoup d'hôtels ici en France et à l'étranger non?

-Oui, nous allons dans l'un de leurs hôtels en Martinique pour notre voyage de noces. Je l'ai rencontré au Jardin des Tuileries, c'était si romantique. Christophe a un chien adorable et...

-Un chien? Marie-Hélène tu as horreur de chiens!

-Ah mais j'adore Ambroise, c'est lui qui nous a fait nous rencontrer.

-Vraiment? Comment?

-Tu ne vas pas le croire Josette, c'est une histoire très drôle. Son chien m'a poussée dans le lac. J'étais vraiment fâchée, j'aurai pût le tuer comme tu peux l'imaginer. Puis Christophe m'amena chez moi. Je ne savais pas qui il était, je n'en avais pas la moindre idée. Je pouvais voir qu'il m'aimait bien mais j'étais trop mécontente de lui et de son chien et pour être honnête j'étais un petit peu embarrassée, c'est peu dire. Pendant la soirée, je me suis calmée et je ne pouvais pas arrêter penser à lui. C'est un si beau garçon. Quand Robert m'a envoyé le bouquet, j'espérais qu'il fût de la part de Christophe.

-Le porc ! Il t' a acheté un bouquet avec ma carte de crédit!

-Oublie-le Josette, ça ne vaut pas la peine. Le lundi suivant, Christophe est venu ici, au magasin. Anaïs et les autres filles savaient qui il était parce qu'elles avaient vu ses photos dans les magazines, tout comme toi. Il m' a demandé de l'aider à choisir des vêtements pour une jolie fille. Josette, j'étais si jalouse de cette fille. Je pouvais voir qu'elle était importante à ses yeux et qu'il l'adorait, c'était évident. Pour ne rien arranger, il m'a demandé d'essayer les robes de mon choix. J'étais furieuse, je me sentais si misérable Josette car je croyais vraiment qu'il avait une petite amie et que je n'avais aucune chance de sortir avec lui. C'était une grande surprise et j'étais ravie lorsqu'il m'a dit que tous les vêtements étaient pour moi!

-Il les a achetés pour toi?

-Oui, il m'a dit que c'était le moins qu'il puisse faire après que son chien m' ait poussée dans le lac. Et puis Josette, devant tout le monde il m' a embrassé!

-Vraiment? Ben apparemment la vie de célibataire est terminée pour toi maintenant Marie, pour nous deux.

-Philippe il t'a demandé de...

-Euh non, pas encore mais il y a de grandes chances, je le sais. C'est si bizarre! Je ne pensais jamais que tu te marierais avant moi et avec quel qu'un de si différent de Jean. Tes parents doivent être aux anges.

-Ils ne savent encore rien de ces nouvelles Josette, pas encore, donc tu ne dois dire rien si te les vois d'accord?

-D'accord Marie, je comprends. J'imagine que ta mère deviendrait folle furieuse si elle savait que tu me l'avais dit avant elle. Elle me déteste, je ne peux pas vraiment la blâmer. Je te traitais très mal et tu es sa fille après tout.

-Tout çà c'est du passé Josette et je veux que toi et Philippe bien sûr, veniez au mariage.

-Vraiment? Oh merci, j'accepte l' invitation avec plaisir et je sais que ça va être un jour inoubliable.

Je dois dire qu'il était bon de la revoir, surtout qu'elle paraissait avoir perdu son attitude misérable, qui doit avoir disparu avec l'excès de poids. Elle ouvrit les yeux, ronds comme des soucoupes quand je lui montra ma bague de fiançailles. C'était vraiment drôle surtout après toutes les choses qu'elle m'avait dit au restaurant, il y a six mois. Pauvre Josette doit regretter ses paroles maintenant! Je voudrais rencontrer son nouveau petit ami. Elle l'amènera probablement au mariage mais nous pourrions peut-être sortir à quatre avant. Je suis sûre qu'il est beaucoup mieux que Robert, n'importe qui le serait. J'espère que je ne le reverrai jamais. Je me suis vraiment sentie bête quand c'était lui et pas quelqu'un autre qui était venu à ma table au restaurant. Je ne pouvais pas y croire et lorsqu'il m'avait dit qu'il m'adorait... Je sais, vous avez raison, je dois arrêter d'y penser. C'est le passé maintenant et bon débarras! Voilà encore Anaïs. Elle veut sans doute savoir ce que j'ai dit à Josette.

-Marie-Hélène ça va?

-Oui Anaïs ça va bien.

-Qu'est ce qu'elle voulait? Elle est venue pour t'accuser d'autre chose? Qu'est ce que c'était cette fois hein? Laisse-moi deviner, d'avoir volé l'air qu'elle respire?

- En fait pour une fois dans sa vie elle était assez agréable. Elle a perdu beaucoup de poids, tu aurais du la voir avant Anaïs, elle était énorme. En plus, elle a mis Robert à la porte et elle a un nouveau petit ami maintenant.

-Vraiment? Venait-elle ici pour te conseiller de ne pas toucher à lui? Parce que nous savons Marie-Hélène que tu veux tout ce qu'elle a!

Je ris. Anaïs peut être très amusante quelquefois et je me souviens que ma mère me disait la même chose dans le passé, mais elle, ne plaisantait pas.

-Non elle avait beaucoup plus d'assurance qu'avant, une fille très différente, juste comme si c ' était quelqu'un autre.

-Tu lui a dit pour ton très beau et très riche petit ami, j'espère?

-Non Anaïs, je ne pourrai pas le faire, pas à elle, c'était son moment de gloire.

-Quoi?

-Calme-toi Anaïs, je plaisante, je lui ai dit pour Christophe. Elle l'a vu dans des magazines et elle était très impressionnée. Qu'est-ce qu'il y a Anaïs? Qu'est ce que tu regardes?

-Marie-Hélène, la bague, celle à ton doigt, félicitations!

À vous maintenant!

Translate the following phrases into French.

1 I could see by her face that she was astonished.
2 Yes, that's him, we have been together for six months.
3 A dog? Marie-Hélène you are terrified of dogs!
4 You're not going to believe it Josette.
5 The pig! He bought those flowers with my credit card!
6 He asked me to try on some dresses, of my choice.
7 He bought them for you?
8 Your parents must be floating on air.
9 I imagine that your mother would go mad if she knew.
10 No she is much more confident than before.

Don't tell my Mother

I could see from her face that she's astonished. She looked at the diamond incredulously.

-Come on, say something Josette.

-A-are you engaged Marie?

-Yes, that's right.

-I can't believe it, congratulations. Who's your fiancé?

-His name is Christophe Beaufort and he is..

-Christophe Beaufort? No, you mean The Christophe Beaufort of the Beaufort family?

-Yes, that's him, we've been together for six months. Isn't my ring gorgeous?

-Yes it is, but where did you meet someone like that? He is really good looking and very rich. I've seen his pictures in magazines. His father owns lots of hotels here in France and abroad doesn't he?

-Yes, we going to one of their hotels in Martinique for our honeymoon. I met him at the Tuileries gardens. It was so romantic. Christophe has a gorgeous dog and..

-A dog? Marie-Hélène you're terrified of dogs!

-Ah but I love Ambroise, it is because of him that we met.

-Really? How come?

-You're not going to believe it Josette, it's a very funny story. His dog pushed me in the lake. I was really angry. I wanted to kill him as you can imagine. Then Christophe brought me home. I didn't know who he was, I hadn't the faintest idea. I could see that he liked me but I was too angry with him and his dog, and to be honest I was a little bit embarrassed, to say the least. During that evening I calmed down and I couldn't stop thinking about him. He is such a good looking boy. When Robert sent me the bouquet, I hoped that they were from Christophe.

-The pig, he bought those flowers with my credit card.

-Forget it Josette, it's not worth it. The following Monday Christophe came here to the shop. Anais and the other girls knew who he was, they had seen his pictures in magazines, like you. He asked me to help him choose some clothes for a pretty girl. Josette, I was so jealous of that girl. She was important to him , I could see it in his eyes, that he loved her, it was obvious. Then to make matters worse, he asked me to try the clothes on. I was furious, I felt so miserable because I thought that he really had a girlfriend, and I didn't have a chance of going out with him. It was a big surprise, and I was delighted when he told me that the clothes were for me.

-He bought them for you?

-Yes, he said that it was the least he could do after his dog pushed me in the lake. And then Josette in front of everyone, he kissed me!

-Really? Well, apparently the single life is over for you now Marie, for us both.

-Has Philipe asked you..?

-Er no, not yet but it's on the cards, I know it. It's so weird, I never thought that you would get married before me, and to someone so different from Jean. Your parents must be floating on air.

-They don't know anything about our news Josette, not yet, so you must not say anything if you see them ok?

-Ok Marie, I understand. I imagine that your mother would go crazy if she knew that you told me before her. She hates me, I can't really blame her. I treated you badly, and you are her daughter after all.

-That's all in the past Josette, and I want you and Philipe of course, to come to the wedding.

-Really? Oh thank you. I accept your invitation with pleasure, and I know that it's going to be a day to remember.

I must say that it was good to see her again, especially as she seems to have lost her miserable attitude, it must have disappeared with the excess weight. Her eyes popped out of her head when I showed her my engagement ring. It was really funny especially after all the things she said to me at the restaurant, six months ago. Poor Josette must regret that now. I'd like to meet her new boyfriend. She'll probably bring him to the wedding, but we could go out in a foursome beforehand. I am sure that he is much better than Robert, anybody would be. I hope that I never see him again. I felt like a real fool when it was him and not someone else, who came to my table at the restaurant. I couldn't believe it when he said that he loved me...I know, you're right, I must stop thinking about it. It's in the past and good riddance! Here's Anais again. She wants to know, no doubt, what I said to Josette.

-Everything ok Marie?

-Yes Anais, everything is fine.

-What did she want? Had she come to accuse you of something else? What was it this time? Let me guess, you have stolen the air that she breaths?

-Actually for once in her life she was quite pleasant. She's lost loads of weight, you should have seen her before Anais, she was enormous. And she's thrown Robert out and she has a new boyfriend now.

174

-Really? Did she come to tell you to keep your hands off him? Because we know Marie that you want everything that she has!

I laugh. Anais can be very funny sometimes, and I remember that my mother said the same thing in the past, but she wasn't joking.

-No, she's much more confident than before, a different girl, just like it was someone else.

-You told her that you have a handsome rich boyfriend, I hope?

-No Anais, I couldn't do it, not to her, it was her moment of glory.

-Quoi?

-Calm down Anais, I'm joking, I told her about Christophe. She's seen him in magazines, she was very impressed. What's up Anais, what are you looking at?

-Marie, the ring, on your finger, congratulations!

Le déjeuner chez Picard

C' est dimanche Dieu merci! Je vais pouvoir annoncer nos fiançailles à mes parents. Je porte la robe bleue de la nouvelle collection, si élégante et Christophe est beau et bien habillé comme à son habitude. Anais a tenu sa promesse, elle n'a rien dit aux autres filles donc maman n'apprendra jamais que les autres savaient avant elle.

Nous arrivons chez mes parents mais maman n'est pas là. Papa dit qu'elle est allée acheter des fleurs. Nous sommes dans la salle de séjour en attendant maman. Papa parle de son sujet favori, les voitures et Christophe écoute poliment. Il a un sourire heureux car il est assez amusé par mes efforts pour cacher ma bague à papa jusqu'à ce que maman rentre.

Je suis si excitée, tout va si bien et nous allons l'annoncer aux parents de Christophe ce soir. Nous avons décidé de nous marier dans le Pays de la Loire. Ses parents sont les propriétaires d'un grand château, parfait pour les mariages. En fait, Monsieur et Madame Beaufort se sont mariés là-bas il y a bien des années, je ne sais pas combien. Ils adoraient tellement le château qu'ils avaient décidé de l'acheter lorsqu'ils auraient été dans une bonne situation financière. Je ne l'ai pas encore vu mais Christophe m'assure que c'est fantastique et je sais qu'il a du goût donc je le crois! Oh je peux entendre maman rentrer.

176

-Bonjour maman nous sommes dans la salle de séjour!

-Bonjour Christophe ça va?

-Ça va bien merci Madame euh je veux dire Claudette, et vous?

-Comme ci comme ça.

-Qu'est ce qu'il y a Claudette? Marie et Christophe sont venus pour le déjeuner, tu devrais être très contente. Où sont les fleurs?

-Tais-toi Jérôme, j'ai besoin de parler à ma fille.

-Il y a un problème maman? Tu parais un petit peu fâchée.

-Tu crois Marie-Hélène? Pourquoi est ce tu dis ça hein?

-Je ne sais pas maman, quelque chose est il arrivé?

(Pauvre Christophe il est en train de voir ma mère prête à tout faire voler en éclats. Je peux en voir les signes).

-Oui on pourrait dire ça. J'ai vu cette fille affreuse, tu sais Marie-Hélène, Josette. Quelle surprise, elle est mince maintenant! J'ai l'impression qu'elle doit être plus importante que moi, ta mère, mais je suis heureuse qu'elle m'ait donné de tes nouvelles.

-Tu es folle Claudette? Qu'est ce que tu dis?

-Ah Jérôme, ta fille ne t'a pas dit?

-Maman je peux tout t' expliquer...

-Félicitations à vous deux, Marie-Hélène j'espère que tu vas nous inviter au mariage, nous sommes tes parents après tout!

Nous mangions notre repas en silence et l'ambiance était hostile, de prime abord. Puis mon cher papa essaya d'arranger les choses en disant qu'il était ravi de ces nouvelles et qu'il comprenait pourquoi je l'avais dit à Josette avant eux. Quelle fille dans ma position pouvait résister? Surtout après que Josette m'ait accusé de faire la cour à Robert!

-Je lui ai demandé de ne rien dire maman car je...

-Claudette l'as tu provoquée? Nous savons que tu la détestes et tu ne manquerais pas une occasion de la critiquer. C'était à cause de toi qu'elle avait dit que Marie-Hélène préférait les femmes non?

Oh là là! Je pense que mon papa est suicidaire!

-Quoi? Tu me blâmes? C'est typiquement toi çà Jérôme. Selon toi c'est toujours ma faute. J'ai juste vu Josette chez le fleuriste avec un jeune homme, pas Robert mais un qui s'appelle Philippe. Je lui ai dit bonjour et je lui ai fait une remarque lui disant qu'elle avait perdu du poids c'est tout!

-C'est tout? Vraiment Claudette? Tu ne l'insultais pas alors?

-Non, pas du tout, j'ai dit que j'étais fière de Marie-Hélène pour toujours avoir été mince et ne jamais manger comme un cochon. Quoi? C'est un crime de dire la vérité?

Vous pouvez voir pourquoi Josette s'était répandue en invectives contre maman après ce qu'elle avait implicitement évoqué mais maman a toujours eu du mal a garder pour elle les remarques vaches. Après le déjeuner, nous avons quitté la maison de mes parents pour aller chez les Beaufort. Pendant le voyage en voiture je n'ai pas parlé à Christophe parce que j'étais un petit peu embarrassée. Je ne crois pas qu'il veuille toujours que je sois sa femme, pas avec une mère comme la mienne. Vous croyez vous?

-Ça va Marie? A quoi tu penses? Ne t'inquiètes pas, mes parents vont être ravis quand nous leur apprendrons la nouvelle et ma mère ne connait pas Josette!

-Tu rigoles Christophe mais c'est pas drôle. Ma mère est toujours si dramatique. Elle va devenir ta belle-mère, tu y as pensé à çà hein? Elle peut être insupportable quelque fois, je ne sais pas comment papa a survécu à toutes les années passées ensemble. Il doit être un petit saint ou quelque chose comme çà.

-Je ne sais pas Marie mais ta mère a un caractère compliqué à ce que je vois. C'est une femme très passionnée et je pense qu'elle se sent un petit peu embarrassée parce qu'elle cherche à être si collet monté mais en vérité elle a des désirs d' amour physique et elle se débat pour les cacher. Ton père doit être épuisé. J' imagine que Claudette est très exigeante au lit.

-Christophe si te plait!

-Admets-le Marie, Tu ne peux pas me dire que tu ne l' ai pas vu.

D'accord, voilà que mon fiancé me dit que ma mère est une obsédée sexuelle et pour ne rien arranger je sais que c'est la vérité.

-Tu as raison Christophe et je crois que maman agit comme une démente parce qu'elle est si frustrée. Pauvre papa, il ne la satisfait pas.

-Non, ça va pour eux, c'est évident qu'ils sont très heureux ensemble, et je suis sur que ton père fait de son mieux pour la contenter!

-Tu es un tel taquin Christophe, arrêtes! Tu me fais rougir!

-Mais je t'ai fait sourire aussi et c'était l'intention. Tu es prête à le dire à mes parents maintenant?

À vous maintenant!

Translate the following phrases into English.

1 C'est dimanche Dieu merci!
2 Anais a tenu sa promesse.
3 Nous sommes dans la salle de séjour en attendant maman.
4 Nous avons décidé de nous marier dans le Pays de la Loire.
5 Il y a un problème maman? Tu parais un petit peu fâchée.
6 Pauvre Christophe il est en train de voir ma mère prête à tout faire voler en éclats.
7 Nous mangions notre repas en silence.
8 Claudette l'as tu provoquée?
9 Tu es un tel taquin Christophe.
10 Mais je t'ai fait sourire aussi.

Lunch at the Picards

It's Sunday thank God! I'm going to tell my parents about the engagement. I am wearing the blue dress from the new collection, so elegant and Christophe is gorgeous and well dressed as usual. Anais kept her promise, she didn't say anything to the other girls, so mum will never know that others knew before her.

We are at their house, but mum is not here. Dad says that she has gone to buy some flowers. We are in the living room, waiting for mum. Dad is talking about his favourite subject, cars, and Christophe is listening politely. He has a happy smile on his face, because he is really quite amused by my efforts to hide my ring from dad, until mum comes back.

I'm so excited, everything is going so well, and we are going to tell Christophe's parents tonight. We have decided to get married in the Pays de la Loire. His parents own a huge chateau, perfect for weddings. In fact Mr and Mrs Beaufort were married there, many years ago, I don't know how much. They loved the chateau so much that they decided to buy it, as soon as they were in the financial position to do so. I haven't seen it yet, but Christophe assures me that it is fantastic, and I know that he has good taste, so I believe him! Oh, I can hear my mum coming in.

-Hello mum we're in the living room.

-Hello Christophe how are you?

-Fine thank you Madame, uh I mean Claudette, and you?

-Could be better.

-What's the matter Claudette? Marie and Christophe have come for lunch, you should be happy. Where are the flowers?

-Shut up Jérôme, I need to speak to my daughter!

-Is there a problem mum? You seem a bit annoyed.

-You think so Marie-Hélène? Why do you say that eh?

-I don't know mum, has something happened?

(Poor Christophe, he is about to see my mother explode. I can see the signs).

-Yes, you could say that. I've seen that awful girl, you know Marie-Hélène, Josette. What a surprise, she's slim now! I got the impression that she must be more important than me, your mother, but I'm glad that she told me your news.

-Are you mad Claudette? What are you talking about?

-Ah Jérôme, hasn't your daughter told you?

-Mum, I can explain...

-Congratulations to you both, Marie-Hélène I do hope that you're going to invite us to the wedding, we are your parents after all!

We ate our meal in silence, and the atmosphere was tense, at first. Then my dear dad tried to smooth things over by saying that he was delighted with our news, and he understood why I told Josette before them. What girl in my position could resist? Especially after Josette had accused me of chasing Robert!

-I asked her not to say anything mum because I...

-Claudette did you provoke her? We know that you dislike her, and you wouldn't miss an opportunity

182

to criticize her. It was because of you that she said that Marie preferred women wasn't it?

OMG! I think that my dad must have a death wish!

-What? You're blaming me? That's typical of you Jérôme. According to you it's always my fault. I have just seen Josette at the flower shop, with a young man, not Robert, someone called Philipe. I said hello and mentioned that she had lost weight, that's all.

-That's all? Really Claudette? So you didn't insult her then?

-No, not at all, I said that I was proud of Marie, for always being so slim, and that she would never eat like a pig. What? Is it a crime to tell the truth?

You can see why Josette was angry with mum, after that thinly veiled insult, but mum has never kept her bitchy remarks to herself. After lunch we left to go to Christophe's parents. During the journey, in the car, I didn't speak to Christophe because I was a little bit embarrassed. I can't believe that he would want me to be his wife, not with a mother like mine. Do you believe it?

-Are you ok Marie? What are you thinking? Don't worry, my parents are going to be delighted when they hear the news, and my mother doesn't know Josette!

-You joke Christophe, but it's not funny. My mother is always so dramatic. She's going to be your mother-in-law, have you thought about that eh? She can be unbearable sometimes, I don't know how dad has survived for all these years, he must be a saint, or something like that.

-I don't know Marie, but your mother is a complicated character, as far as I can see. She is a very passionate woman, and I think that she is a little bit embarrassed, because she tries to be so prim and proper, but in truth, she likes sex, and she fights to hide it.

183

Your dad must be exhausted. I imagine that Claudette can be very demanding in bed.

-Christophe please!

-Admit Marie, you can't say that you haven't noticed.

OK, here's my fiancé telling me that my mother is obsessed with sex, and to make matters worse I know that it's true.

-You're right Christophe and I think that mum acts like a demented cow, because she is so frustrated. Poor dad, he can't satisfy her.

-No, things are good between them, it's obvious that they are happy together, and I'm sure that your father does his best to keep up with her!

-You are such a tease Christophe, stop! You're making me blush!

-But I also made you smile, and that was my intention. Are you ready to tell my parents now?

Le mannequin

La maison des Beaufort se trouve tout prés du
Jardin du Luxembourg. C' est une maison magnifique et
la décoration intérieure est de bon goût, c'est le moins
qu'on puisse dire. Elle a beaucoup de pièces, toutes très
élégantes. On pourrait facilement se perdre dans une
maison comme celle là. Ses belles dimensions font
pour beaucoup dans son charme. Je pourrais y rester
pour toujours!

Quand Christophe frappa à la porte, la gouvernante
l'ouvrit immédiatement. C' est une femme très gentille
qui s'appelle Renata et qui a dans les quarante ans.
Christophe m'a dit qu'elle venait du Portugal et qu'elle
travaillait pour ses parents depuis vingt ans. Il l'aime
beaucoup et l'affection entre eux est évidente. Elle est
comme une autre mère pour lui. Elle semble pourtant
s'inquiéter de quelque chose ce soir. Elle n'a pas son
sourire habituel.

-Bonsoir Renata! Qu'est ce qui se passe? Tu n'es
pas contente de me voir? Tu ne m'aimes plus? Où est
ce sourire tout spécial que tu me réserves d'habitude
hein? Si Je ne peux pas l' avoir, mon cœur va se briser!

Il est toujours taquin et très drôle à regarder.

-Christophe ça me plait toujours beaucoup de te
voir et vous aussi Mademoiselle. Tu as de la visite
Christophe, elle est dans le salon de réception avec
Madame et Monsieur.

Oh non, qu'est ce qui se passe? J'ai un sentiment étrange que ça ne va pas aller.

-Tu as l'air inquiète Renata, qui-est-ce ?

-C'est Mademoiselle Arquette.

-Brigitte? Je me demande ce qu'elle veut?

Je me sens mal, en fait j'ai envie de vomir. Pour ceux de vous qui ne la connaisse pas, Mademoiselle Brigitte Arquette est l'une des plus beaux mannequins Français et elle et mon fiancé ont eu une liaison, avant qu'il soit avec moi je dois préciser. J'ai vu une photo d'eux ensemble sur internet après je l'ai rencontré au Jardin des Tuileries et je dois admettre que quand il était venu à mon travail pour acheter ces vêtements, je croyais qu'ils étaient pour elle.

Je ne suis pas une fille jalouse mais l'idée d'imaginer Christophe et Brigitte ensemble me donne envie de mourir. Elle est modèle et tout monde l'admire. Son visage est partout et elle est si jolie. Elle pourrait bien être considéré comme le plus beau modèle au monde. Ce n'est pas mon avis, je préfère Kate Moss mais elle n'ont rien à avoir l'une avec l'autre.

Qu'est ce qu'elle veut? Est ce qu'elle va demander à Christophe de revenir avec elle? J'imagine qu'elle doit toujours l'aimer, je le trouverais moi-même difficile à oublier. Mais il est à moi maintenant et il m'aime. Je sais qu'il m'adore, elle ne peut sûrement pas changer çà. Nos six mois ensemble ont été merveilleux, je n'ai jamais été si heureuse. Christophe est mon rêve, ma vie entière. Mon cœur bat au son de sa voix et quand il me touche....Il serre ma main pour me rassurer car il doit savoir ce que je pense.

-Je ne l'ai pas vu depuis sept mois, elle doit venir dire 'bonjour' à mes parents, ou quelque chose comme ça parce qu'elle ne savait pas que j'allais être là ce soir.

Bon ca paraît plausible car Christophe ne vit pas ici, avec ses parents. Il a son propre appartement , prés de la Tour Eiffel. J'espère vraiment qu'il a raison et je n'ai pas de raison de m' inquiéter, mais je me sens toujours un petit peu mal à l'aise.

-Christophe c'est toi?

-Oui papa c'est moi, ça va?

-Viens ici tout de suite s'il te plait.

Christophe entra dans la salle de réception et je le suivis. Renata entra dans la cuisine en faisant le signe de croix. J'ai peur maintenant, je ne suis pas stupide, il n'est que trop évident que quelque chose est arrivé et je sais que je ne vais pas aimer çà du tout. Faites que Dieu m'aide car je sais que cette femme va essayer de détruire ma relation avec l'homme que j'adore.

-Papa qu'est ce qu'il y a? Renata dit que Brigitte est....

Oh mon Dieu, c'est pire ce que je pensais. Christophe s'est arrêté de parler et regarde maintenant le mannequin avec étonnement. Elle n'est plus mince, mais je peux voir assez clairement que ce n'est pas à cause de l'excès de nourriture. Brigitte est enceinte!

-Je pense qu'il serait mieux que Marie-Hélène attende dans une autre pièce.

-Non papa, Marie restera ici avec moi, je n'ai rien à cacher. Brigitte que fais tu ici? Qu'est ce que tu veux?

-Christophe as tu perdu la vue? Je suis enceinte et tu es le père!

-Tu mens! Ce n'est pas vrai, tu ne peux pas le mettre sur mon dos, pour l'amour de Dieu Brigitte, tu n'essayeras rien, tu es folle! Je ne suis pas idiot tu sais, je sais pourquoi tu fais çà, tu es au courant pour Marie-Hélène et çà te tue. Tu es vexée car tu sais que je suis très heureux avec elle.

-Non, comment peux-tu dire ça Christophe? Ce n'est pas vrai, écoute moi s'il te plait, je t'aime et nous allons avoir un bébé ensemble. Tu as toujours voulu des enfants Christophe, maintenant tu...

-Dis-moi Brigitte, de combien de mois es-tu enceinte hein?

-Depuis sept mois, je dis la vérité Christophe, c'est le tien.

Pour moi c'est comme une scène tirée d'un mauvais film, vous ne voulez pas le regarder mais vous êtes paralysés par l'horreur. Ses parents paraissent avoir eux aussi perdu la parole.

-Sept mois tu dis? Bon je sais que tu mens maintenant Brigitte et je peux le prouver. Papa où étais-je il y a sept mois?

-Tu étais à l'étranger je crois. Oui c'est ça, tu travaillais dans l'un de nos hôtels à la Martinique.

-Et pendant combien de temps?

-Un mois, je me souviens maintenant assez clairement.

-Donc dites-moi, tous autant que vous êtes, comment il est possible pour un homme et une femme de coucher ensemble quand ils sont dans des pays différents hein?

Brigitte a honte, et elle ne répond pas, et moi? J'ai envie de chanter et danser et de me jeter dans les bras de mon beau fiancé! Attendez! Il a plus à lui dire.

-Tu voyais d'autres hommes derrière mon dos Brigitte, c'est indéniable. Je te voyais de mes propres yeux en ville, tu étais bras dessus bras dessous avec l'un de tes amants. Tu as l'air surpris Brigitte, je sais que tu voyais plus d'un homme. Si j'étais toi, je chercherais sur la liste très longue de mes amants pour trouver le vrai père de ton bébé car c'est pas moi et tu le sais!

À vous maintenant!

Translate the following phrases into French.

1 It has lots of rooms, all very elegant.
2 She is like another mother to him.
3 He is always teasing and it is very funny to watch.
4 Renata goes into the kitchen while making the sign of the cross.
5 That's not my opinion, I prefer Kate Moss.
6 I would find him very difficult to forget.
7 I've got nothing to hide.
8 I am not an idiot you know.
9 You were abroad I believe.
10 You were seeing other men behind my back.

The model

The Beaufort's house is situated very near to the Jardin du Luxembourg. It's a fantastic house, tastefully decorated, to say the least. It has loads of really nice rooms. You could easily get lost in a house like that. Its size is a big part of its charm. I could stay there forever! When Christophe knocks on the door, the housekeeper opened it immediately. She is a really nice woman called Renata, and she in her forties.
Christophe told me that she is from Portugal, and has worked for his parents for twenty years. He is really fond of her, and the affection between them is obvious. She is like another mother to him. She seems a bit worried about something tonight. She is not wearing her usual smile.

-Good evening Renata! What's up? Aren't you pleased to see me? Don't you love me anymore? Where is the special smile that you always keep for me eh? If I can't have it, my heart is going to break!

He is always teasing her, and it's funny to watch.

-Christophe I'm always pleased to see you, and you too Miss. You have a visitor Christophe, she's in the drawing room with your parents.

Oh no, what's going on? I have a strange feeling that something is up.

-You look worried Renata, who is it?

-It's Miss Arquette.

-Brigitte? I wonder what she wants?

190

I feel sick, in fact I feel like vomiting. For those of you who don't know her, Miss Brigitte Arquette is one of the most beautiful French models around, and she and my fiancé had a relationship, before he met me, I must add. I saw a photo of them together on the internet, after we met at Jardin des Tuileries, and I must admit that when he came to the shop to buy those clothes, I thought they were for her.

I am not a jealous girl, but the thought of Christophe and Brigitte together, makes me want to die. She is a model that everyone admires. Her face is everywhere, and she is so pretty. She has been considered to be the most beautiful model in the world. That's not my opinion, I prefer Kate Moss, but I daresay that wouldn't worry her.

What does she want? Is she going to ask Christophe to come back to her? I imagine that she must still love him, I would find him very difficult to forget. But he is mine now and I love him. I know that he loves me, surely she can't change that. Our six months together have been wonderful, I have never been so happy. Christophe is my dream come true, he's my entire life. My heart beats at the sound of his voice, and when he touches me..He's squeezing my hand to reassure me, because he must know what I'm thinking.

-I haven't seen her for seven months, she must have come to say hello to my parents or something like that, because she didn't know that I would be here tonight.

Well that's plausible because Christophe doesn't live here, with his parents. He has his own apartment, near the Eiffel Tower. I hope he's right, and I have no reason to worry, but I still feel apprehensive.

-Christophe is that you?
-Yeah dad it's me, everything ok?
-Come here now, please.

Christophe goes into the drawing room and I follow him. Renata goes into the kitchen, making the sign of the cross. I'm scared now, I'm not stupid, it is so obvious that something has happened, and I know that I'm not going to like it at all. Please God help me, that woman is going to try to destroy my relationship, with the man that I love.

-Dad, what's going on? Renata said that Brigitte is...

Oh my God, it's worse than I thought. Christophe has stopped speaking and is now looking at the model in astonishment. She is not slim anymore, but I can clearly see that it is not because of overeating. She's pregnant!

-I think it would be better if Marie-Hélène waits in another room.

-No dad, Marie will stay here, with me, I have nothing to hide. Brigitte what are you doing here? What do you want?

-Christophe have you lost your sight? I'm pregnant and you are the father!

-You're lying! It's not true, you can't pin it on me, for goodness sake Brigitte, you will try anything, you're mad! I am not an idiot, you know, I know why you are doing this, you've heard about me and Marie, and it's killing you. You are pissed off because you know that I am very happy with her.

-No! How can you say that Christophe? It's not true, listen to me, please, I love you and we are going to have a baby together. You always wanted children Christophe, now you..

-Tell me Brigitte, how many months pregnant are you eh?

-Seven months, I'm telling the truth Christophe, it's yours.

For me, this is like a dreadful scene from a bad film, you don't want to watch it but you are paralysed by the horror. His parents seem to have lost their voices.

-Seven months you say? Well I know that you are lying now Brigitte, and I can prove it. Dad, where was I seven months ago?

-You were abroad I think. Yes, that's right you were working in one of our hotels in Martinique.

-And for how long?

-One month, I remember quite clearly now.

-So tell me, all of you, how is it possible for a man and a woman to sleep together, when they are in different countries eh?

Brigitte looks ashamed, and she's not responding, and me? I want to sing and dance and throw myself into the arms of my beautiful fiancé! Wait! He has more to say.

-You were seeing other guys behind my back Brigitte, don't try to deny it. I saw you with my own eyes, in town, you were arm in arm with one of your lovers. You look surprised Brigitte, I know that you were seeing more than one guy. If I was you, I would research the very long list of my lovers, to find the father of your baby, because it is not me, and you know it!

Le mariage

Brigitte quitta la maison, comme un chien, la queue entre les jambes. C'était grisant! Elle avait eu tellement honte, elle me faisait presque pitié, mais quelle imbécile! Elle doit être folle pour croire qu'elle pourrait nous duper comme ça, qu'est ce qui lui prend?

Les parents de Christophe poussèrent un soupir de soulagement quand elle s'en alla. Ils pensèrent qu'elle était instable et jurèrent qu'ils n'avaient pas cru un mot de qu'elle avait dit. Christophe changea de sujet en annonçant que nous allions nous marier. Ses parents réagirent avec grand plaisir, je suis contente de le dire. Puis ils demandèrent à Renata d'ouvrir une bouteille de champagne pour célébrer l'évènement, ce qu'elle fit avec un grand sourire de satisfaction. Renata détestait Brigitte et je peux voir pourquoi!

Amélia, la mère de Christophe admira ma bague en diamant me disant qu'elle était heureuse que son fils ait bon goût. Donc la soirée ne se terminait pas mal après tout, malgré les efforts de Brigitte Arquette. Eh bien sa grossesse c'est son problème.

Plus tard chez moi nous fîmes l'amour avec grande passion. Il m'embrassa partout et le toucher de ses lèvres sur ma peau me donnait froid dans le dos, surtout quand il embrassait mon ventre et mes cuisses. J'écartais mes jambes sans hésitation pour recevoir un baiser plus intime, que Christophe était heureux de me donner comme à son habitude. Après, quand nous

194

fûmes satisfaits, nous parlâmes d'avoir des enfants.
Christophe admit qu'il avait dit à Brigitte qu'il voudrait
être père un jour. D'après lui c'était une remarque en
passant parce qu'en ce qui le concerne leur liaison
n'était pas durable. Ça me plaisait beaucoup pourtant
quand il me chuchotait qu'il voulait que je sois la mère
de ses enfants.

    Nous sommes lundi matin et Christophe est parti
de chez moi pour aller au travail. C'est mon jour de
congé et je vais chercher une robe de mariée!
Malheureusement, Anaïs n'est pas libre aujourd'hui car
elle est au travail, mais ça va. Je ne veux pas aller en
ville avec maman. Elle essayerait de me faire acheter
quelque chose que je n'aime pas vraiment. Oh le
téléphone sonne, j'espère que ce n'est pas elle.

    -Salut, qui c'est?

    -Marie C'est moi Josette, ne raccroche pas s'il te
plait. Je suis vraiment désolée d'avoir dit à ta mère pour
tes fiançailles mais elle me cherchait. Chaque fois que
je la vois elle...

    -Josette ça va, je connais ma mère, c' est une
provocatrice.

    -Nous sommes toujours amies?

    -Oui, nous sommes amies. Comment va Philippe?
Vous avez passé un bon weekend?

    -Oui merci, mais il était un petit peu déçu car il est
venu à Paris pour pendre des photos de Brigitte
Arquette pendant les collections parisiennes, mais elle
ne travaille pas comme mannequin en ce moment car
elle est enceinte de sept mois.

    Oh là là! Je ne peux pas lui échapper à Brigitte
Arquette, elle me hante! C'est mieux si je change de
sujet non?

    -C'est dommage mais il y a beaucoup de
mannequins qui sont tout aussi jolis. Dis-moi Josette,
tu es libre aujourd'hui? Parce que je vais chercher ma

robe de mariée, tu pourrais venir avec moi pour m'aider
à choisir.

Deux mois se sont écoulés et le jour de notre
mariage est arrivé. Il fait très beau, les oiseaux chantent
et nous sommes dehors dans les grands jardins du
château. Il y a plus de mille invités présents.

Anais et quatre de mes petites cousines sont mes
demoiselles d'honneur. Elles sont vêtues des robes
bleues élégantes, du même style, et elles tiennent de
jolies fleurs. Christophe est très beau. Il est vêtu d'un
costume classe gris avec une cravate assortie, et il sera à
moi très bientôt. Je porte une robe de soie et de dentelle.
Elle est ivoire et élégante. Je me sens comme une
princesse.

Je peux voir ma mère et Josette avec Philippe dans
la foule. Mon père est là bien sur, à côté de moi. Son
sourire heureux est très encourageant. Il pleure de joie.
Il y a six mois il pensait que j'allais me lier avec une
femme lesbienne, pour vivre ensemble, avec deux
chats, en partageant des fantasmes sur Angelina Jolie.

Voilà le pasteur est prêt à commencer. Il parle à
voix basse et je ne peux pas entendre ses mots parce
que je suis aux anges. Je sais que j'ai dit 'oui' car
Christophe met une bague de platine à l'annulaire de la
main gauche. Il me prend dans ses bras , m'embrasse et
nos invités se réjouissent de notre union. Ça y est, nous
sommes au complet!

À vous maintenant!

<u>Translate the following phrases into English</u>.

1 Comme un chien, la queue entre les jambes.
2 Renata détestait Brigitte et je peux voir pourquoi!
3 Malgré les efforts de Brigitte.
4 Christophe est parti de chez moi pour aller au travail.
5 D'après lui c'était une remarque en passant.
6 Le jour de notre mariage est arrivé.
7 Mon père est là bien sûr.
8 Voilà le pasteur est prêt à commencer.
9 Mes petites cousines sont mes demoiselles d'honneur.
10 Nous sommes au complet!

The marriage

Brigitte left the house, like a dog with its tail between its legs. It was exhilarating! She was mortified, and I felt a little bit sorry for her, but what a prat! She must be mad to think that she could fool us like that, what is she on?

Christophe's parents breathed a sigh of relief when she left. They thought that she was unstable, and swore that they had not believed a word that she said. Christophe changed the subject by announcing that we are getting married. His parents reaction was one of delight, I'm pleased to say. Then they asked Renata to open a bottle of champagne to celebrate, which she did with a satisfied smile. Renata couldn't stand Brigitte, and I can see why.

Amelia, Christophe's mother, admired my diamond ring, saying that she was glad that her son had good taste. Therefore the evening went very well after all, despite Brigitte Arquette's attempt to ruin things. Ah well her pregnancy is her problem.

Later at my place, we made hot steamy and passionate love. He kissed me all over and the touch of his lips on my skin, sent a shiver down my spine, especially when he kissed my stomach and my thighs. I parted my legs, without hesitation, to receive a more intimate kiss, and Christophe was happy to oblige as usual.

After we were both satisfied, we spoke about having children. Christophe admitted that he had told

Brigitte that he wanted to be a father some day. According to him, he had said it in passing, because as far as he was concerned, their relationship was not going to last. I was really pleased however, when he whispered that he wanted me to be the mother of his children.

It's Monday morning, and Christophe has left my place, to go to work. It's my day off and I'm going to look for a wedding dress. Unfortunately Anais is not free today, because she's at work, but that ok. I don't want to go into town with mum. She would try to make me buy something that I didn't really like. Oh the telephone's ringing, I hope that it isn't her.

-Hi, who is it?

-Marie it's me Josette, don't hang up, please. I am really sorry about telling your mother about your engagement, but she was goading me, every time I see her she...

-Josette it's ok, I know my mother, she's very provocative.

-We're still friends?

-Yes, we're still friends. How's Philipe? Did you have a good weekend?

-Yes thank you, but he was a little bit disappointed because he came to Paris to photograph Brigitte Arquette during Paris fashion week, but she's not modelling at the moment because she is seven months pregnant.

Oh give me strength! I can't escape from her, Brigitte Arquette is haunting me! I think it would be better if I change the subject don't you?

-That's a shame but there are plenty of other models, who are just as pretty. Er Josette, are you free today? because I am going to look for a wedding dress, you could come with me, help me choose.

Two months later and the day of our wedding has arrived. The sun is shining, the birds are singing, and we are outside, in the expansive gardens of the chateau. There are more than a thousand guests present.

Anais and four of my young cousins are my bridesmaids. They are dressed in elegant matching, blue dresses, and they are holding pretty flowers. Christophe looks very handsome. He is wearing a grey morning suit, with a matching tie, and he will be mine very soon! I am wearing a robe of silk and lace. It is ivory and elegant. I feel like a princess.

I can see my mother and Josette with Philipe in the crowd. My father is here, of course, standing next to me. His smile is happy and very encouraging. He has happy tears in his eyes. Six months ago he thought that I was going to take up with a butch lesbian, move in with her and two cats, while sharing fantasies about Angelina Jolie.

Here's the vicar, he's ready to begin. He's speaking in a low voice, and I can hardly hear him, because I'm floating on air. I know that I've said 'yes' because Christophe is putting a platinum wedding ring on the third finger of my left hand. He is taking me in his arms, kissing me and are guest are cheering our union. So, there we are then, we are complete!

200

Answers to exercises

Chapter 1

1 I have met my prince, the love of my life
2 And to make the situation even worse between me and Josette
3 We were in the restaurant, it was full of people
4 She wanted to kill me
5 she always said that at my age I should be married
6 I was starting to think that she wasn't normal
7 It's really embarrasing for me
8 He took me in his arms
9 You are so beautiful
10 Wait, it's not that at all!

Chapter 2

1 Je savais que cette nouvelle allait rendre mes parents très heureux
2 Dieu bénisse Ambroise
3 Je peux rire de la situation maintenant
4 J' étais très fâchée et humiliée
5 Ma mère était dans la cuisine, préparant le déjeuner
6 J' avais dû le provoquer!
7 Je fis une grosse erreur quand je lui dis sans penser aux conséquences
8 Il était trois heures de l' après-midi
9 Elle est jeune, mince; jolie et je l' adore!
10 Apparemment Josette avait tort!

Chapter 3

1 I'm not wearing my engagement ring
2 The proof of his love is in my bag
3 There's a lot to do here today
4 It's a perk of my job
5 Yes fine Marie-Hélène, the collection is super
6 Ten seconds later
7 Her face is also slimmer, and prettier than before
8 It's not fair!
9 Well you know what?
10 He made me feel so ugly and good for nothing

Chapter 4

1 Je pouvais voir à son visage qu' elle était étonnée
2 Oui c' est lui, nous sommes ensemble depuis six
mois
3 Un chien? Marie-Hélène tu as horreur de chiens!
4 Tu ne vas pas le croire Josette
5 Le porc! Il t' a acheté un bouquet avec ma carte
de crédit!
6 Il m' a demandé d' essayer les robes de mon
choix
7 Il les a achetés pour toi?
8 Tes parents doivent être aux anges
9 J' imagine que ta mère deviendrait folle furieuse
si elle savait
10 Elle avait beaucoup plus d' assurance qu' avant

Chapter 5

1 It's Sunday thank God!
2 Anais kept her promise
3 we are in rthe living room waiting for mum
4 We have decided to get married in the Pays de la
Loire
5 Is there a problem mum? You seem a little bit
annoyed
6 Poor Christophe, he's about to see my mother
explode
7 We ate our meal in silence
8 Claudette did you provoke her?
9 You are such a tease Christophe
10 But I've made you smile too

Chapter 6

1 Elle a beaucoup de pièces, toutes très élégantes
2 Elle est comme une autre mère pour lui
3 Il est toujours taquin et très drôle à regarder
4 Renata entra dans la cuisine en faisant le signe de
croix
5 Ce n' est pas mon avis, je préfere Kate Moss
6 Je le trouverais moi-même difficile à oublier
7 Je n' ai rien à cacher
8 Je ne suis pas idiot tu sais
9 Tu étais à l' étranger je crois
10 Tu voyais d' autres hommes derrière mon dos

Chapter 7

1 Like a dog with its tail between its legs
2 Renata detested Brigitte and I can see why
3 Despite Brigitte's efforts
4 Christophe left my place to go to work
5 According to him it was a passing remark
6 Our wedding day is here
7 My father is there of course
8 Right the vicar is ready to begin
9 My little cousins are my bridesmaids
10 We are complete

Liste de verbes

A

abandonner – to give up, to abandon
accepter - to accept
admirer – to admire
admettre – to admit
acheter – to buy
accueillir – to welcome
addresser – to address
agir – to act
aimer – to like, to love
amener – to bring
aider – to help
aller – to go
apercevoir – to see, to glimpse
appeler – to call
apprendre – to learn
apporter –to bring
approcher – to approach, bring near
appuyer – to press, to lean
appartenir – to belong to
arranger – to arrange
arriver – to arrive, to manage
s'asseoir – to sit down
assister (a) - to assist, to attend
attendre – to wait (for)
advancer – to move forward, to advance
avoir – to have

B

baisser – to lower, to sink
balancer – to balance, to weigh, to sway, to swing
balayer – to sweep
batir – to build, to construct
battre – to beat, to hit
se batter – to fight
bavarder – to chat, to babble, to gossip
blancher – to whiten
blesser – to hurt, to harm, to offend, to wound
se blesser – to injure oneself, to wound oneself, to hurt oneself
boire – to drink
bouger – to move, to budge
bouillir – to boil
briller – to shine
brosser – to brush
se brosser – to brush oneself

C

cacher – to hide
se cacher – to hide oneself
casser – to break
se casser – to break (a part of one's body, ie arm, leg)
causer – to cause, to chat
cesser – to cease
changer – to change
chanter – to sing
charger – to charge, to burden, to load
chaser – to pursue, to hunt, to drive out, to chase
chercher – to look for, to search, to seek
choisir – to select, to choose, to pick
chuchoter – to whisper
combattre – to combat, to fight
commander – to command, to order
commencer – to start, to commence, to begin
commettre – to commit
comparer – to compare
comprendre – to understand
compter – to count, to expect to, to intend
concevoir – to conceive
conclure – to conclude
conduire – to drive, to lead, to conduct, to manage
conseiller – to advise, to recommend, to counsel
consentir – to consent, to agree
construire – to construct, to build
contenir – to contain
conter – to narrate, to relate

D

danser – to dance
décevoir – to deceive, to disappoint
déchirer – to rip, to tear, to rend
decider – to decide
découvrir – to discover, to uncover
défaire – to undo, to untie
déjeuner – to lunch, to have lunch, breakfast
défendre – to defend, to forbid, to prohibit
demander – to ask for, to request
demeurer – to reside, to live, to remain, to stay
démolir – to demolish
dépeindre – to depict, to describe, to portray
dépendre – to depend on, to be dependent on
dépenser – to spend (money)
devenir – to become
devoir – must, owe, should, to have to
diminuer – to diminish, to decrease, to lessen
dire – to say, to tell
discuter – to discuss, to argue
donner – to give

E

échapper – to escape, to avoid
échouer – to fail
écouter – to listen (to)
écrire – to write
effrayer – to frighten
égayer – to amuse, to enliven, to cheer up, to
entertain
élever – to rear, to bring up, to raise
élire – to elect, to choose
embrasser – to kiss, to embrace
emmener – to lead, to lead away, to take away
(persons)
émouvoir – to move, to touch, to excite, to arouse
employer – to use, to employ
emprunter – to borrow
encourager – to encourage
ennuyer – to bore, to annoy, to weary
enseigner – to teach
entendre – to hear, to understand
entrer – to come in, to go in, to enter
envoyer – to send
épouser – to marry, to wed

F

faire – to do, to make
falloir – to be necessary, must, to be lacking to (à),
to need
féliciter – to congratulate
fendre – to crack, to cleave, to split
fermer – to close
se fier – to depend on, to rely on, to trust in
finir – to finish, to end, to terminate, to complete
fonder – to found, to establish, to lay the
foundation
fondre – to dissolve, to melt, to mix colours
forcer – to force
fouiller – to dig deeply, to excavate, to go deep
into, to search
fournir – to furnish, to supply
frapper – to knock, to hit, to frap, to rap, to strike
frémir – to shudder, to tremble, to shiver
fuir – to flee, to fly off, to shun, to leak
fumer – to smoke, to steam
feindre – to feign, to make believe, to pretend, to
simulate

G

gagner – to earn, to gain, to win
garder – to retain, to guard, to keep
geler – to freeze
grandir – to grow (up, taller), to increase
gratter – to grate, to scratch, to scrape
grimper – to climb
gronder – to scold, to chide, reprimand
guérir – to cure, to heal, to remedy, to recover

H

habiter – to live (in), to dwell (in) to inhabit
s'habiller – to get dressed, to dress (oneself)
hésiter – to hesitate

I

imposer – to impose
inclure – to include, to enclose
indiquer – to indicate, to point out, to show
s'informer – to make inquires, to find out, to
inform onself
s'inquiéter – to worry, to be upset
insister – to insist
instruire – to instruct
interdire – to forbid, to prohibit
s'intéresser – to be interested in
interroger – to interrogate, to question
interrompre – to interrupt
introduire – to introduce, to show in
inviter – to invite

J

jeter – to cast, to throw
joindre – to join
jouer – to play, to act (in a play), to gamble
jouir – to enjoy
juger – to judge, to deem
jurer – to swear, to vow

L

laisser – to let, to allow, to leave
lancer – to launch, to hurl, to throw
laver – to wash
se laver – to wash oneself
lever – to lift, to raise
se lever – to get up
lire – to read
louer – to rent, to rent out, to praise

M

maigrir – to lose weight
manger – to eat
manquer – to miss, to lack
marcher – to walk, to march, to run (machine), to function
maudire – to curse
médire – to slander
se méfier – to beware, to mistrust
mentir – to tell a lie
se méprendre – to be mistaken, to mistake
mériter – to deserve, to merit
mettre – to put, to place

N

nager – to swim
neiger – to snow
nettoyer – to clean
nier – to deny
nommer – to name, to appoint
nourrir – to nourish, to feed
nuire – to harm, to hinder

O

obéir – to obey
obliger – to oblige
obtenir – to get, to obtain
occuper – to occupy
s'occuper – to be busy, to keep oneself busy
offrir – to offer
omettre – to omit
oser – to dare
ouvrir – to open
oublier – to forget

P

pardonner – to forgive, to pardon
parler – to speak, to talk
partir – to depart, to leave
se passer – to take place, to happen
passer – to pass, to spend (time)
patiner – to skate
payer - to pay (for)
se peigner – to comb one's hair
peindre – to paint , to portray
pendre – to hang, to suspend
penser – to think
perdre – to lose
peser – to weigh
pleurer – to cry, to mourn, to weep
porter – to wear, to carry
pouvoir – to be able, can
prendre – to take

Q

quitter – to leave

R

ranger – to tidy up

rappeler – to recall, to remind, to call again, to call back

se rappeler – to remember, recollect, to recall

recevoir – to get, to receive

recueillir – to collect, to harvest, to gather

réduire – to decrease, to reduce, to diminish

réfléchir – to ponder, to reflect, to think, to meditate

refuser – to refuse, to withhold

regarder – to look (at) to watch

repeater – to repeat, to rehearse

répondre – to reply, to answer, to respond

rester – to remain, to be left (over) to stay

S

saisir – to comprehend, to seize, to grasp

salir – to dirty, to soil

satisfaire – to satisfy

sauter – to jump

sauver – to rescue, to save

se sauver – to escape, to rush off, to run away

savoir – to know (how)

secouer – to shake down, to shake (off)

secourir – to relieve, to help

séduire – to seduce

sentir – to smell, to feel, to perceive

séparer – to separate

server – to serve, to be useful

siffler – to hiss, to whistle, to boo

signer – to sign

T

teindre - to dye
telephone – to telephone
tendre – to stretch, to tighten to tend, to strain
tenir – to grasp, to hold
tenter – to tempt, to try, to attempt
terminer – to end, finish, to terminate
tirer – to pull, to shoot, to draw out
tomber – to fall
toquer – to rap, to tap, to knock
tordre – to twist
toucher – to touch, to affect
tourner – to turn
tousser – to cough
traduire – to translate
trahir – to betray
traiter – to treat, to negotiate
travailler – to work
trouver – to find
tuer – to kill

U

unir – to join, to unite
utiliser – to use, to make use of

V

vaincre – to vanquish, to conquer
valoir – to be worth, to deserve, to merit, to be equal to, to be as good as
vendre – to sell
venger – to avenge
venir – to come
verser – to pour
vieillir – to age, to grow old
visiter – to visit
vivre – to live
voir – to see
voler – to fly, to steal
vouloir – to want
voyager- to travel

Excellent travail, toutes mes felicitations!

I hope you enjoyed reading the book and would love to hear your comments.

My email address is chasebobby55@rocketmail.com

Other books by this author

La maison hantèe French edition book1
Quand je ferme les yeux   French edition book 2
Les mains invisibles French edition book 3

(Available from 2012 kindle/paperback trilogy)

La vida soltera Spanish edition (kindle)

Night Feast vampire novel book 1
Shadows of blood vampire novel book 2
Trembling Thorn vampire novel book 3
(This trilogy is available on kindle)

2234776R00117

Printed in Great Britain
by Amazon.co.uk, Ltd.,
Marston Gate.